良い
トレーニング、
無駄な
トレーニング

科学が教える新常識

物理学博士／元カナダ代表ランナー
アレックス・ハッチンソン 著
Alex Hutchinson, Ph.D.
児島 修 訳

草思社

Originally published in Canada
by McClelland & Stewart,2011
and in the United States
by HarperCollins,2011

Japanese translation rights arranged
with Rick Broadhead & Associates
through Japan UNI Agency, Inc.,Tokyo

良いトレーニング、無駄なトレーニング　目次

はじめに――この本に書いてあることと書いていないこと　017

第1章　トレーニング以前の基礎知識　025

Q トレーニングの効果はどのくらい続けると生まれるか？　026
Q 健康のためにはどの程度の運動をすればいいのか？　029
Q 有酸素運動（エアロ）と筋トレ（ウエイト）、どちらを先にすればいいか？　033
Q 週に七分間の運動でも効果がある？　036
コラム……トレーニングの始め方　040
Q 運動をすると心臓発作が起きやすくなる？　041
Q 運動すべきでない暑さはどれくらい？　044
Q 空気が悪い場所での運動は避けるべきか？　047

Q 運動は免疫システムにどう影響するか？ 051
Q スポーツに向いているかどうかは遺伝子によって決まる？ 054
Q 運動の効果はどれくらいで薄れはじめるか？ 058

第2章 フィットネスギア

062
Q トレッドミルと屋外ランニングとの違いは？ 063
Q エリプティカルトレーナーはランニングと同じ効果がある？ 067
Q スポーツごとに専用のシューズを履くべきか？ 070
Q 裸足で走ることにどんなメリットがあるのか？ 074
Q コンプレッションウェアの効果は？ 078
Q スポーツゲームは運動の代わりになるか？ 083

Q バランスボードやバランスボールの実際の効果は？ 086
Q マウスピース着用でパワーやスピード、柔軟性が向上するか？ 090

第3章 トレーニングの生理学 094

Q 脳は疲労とどのような関係があるか？ 095
Q 筋肉疲労の原因は乳酸ではない？ 098
Q VO2MAX（最大酸素摂取量）とは？ 102
Q 乳酸性閾値とは何か？ 108
Q 筋肉が痙攣するメカニズムは？ 111
Q 一日のうちで、もっとも運動のパフォーマンスが高まるのはいつ？ 115

第4章 有酸素運動 119
Q 筋肉をつけるのが目的でも有酸素運動をおこなう必要があるか？ 120
Q 有酸素運動はどれくらいの強度でおこなうべきか？ 124
Q 最大心拍数はどうやって測るのか？ 128
Q 運動時のもっとも効果的な呼吸方法は？ 132
Q 固い地面を走るとケガをしやすくなる？ 135
Q 走り方が正しいかどうかを知るには？ 139
Q 上り坂と下り坂の最適な走り方とは？ 142
Q 階段の上り下りは健康に良い？ 144

第5章 パワーアップ 147

Q スリムになりたいだけの人でも筋トレをすべきか？ 148
Q どれくらいの重さのウエイトを何回くらい持ちあげればよいか？ 151
Q 筋肉を大きくせずに鍛えるにはどうすればいいか？ 154
Q 筋力とパワーの違いとは？ 157
Q フリーウエイトとマシンの違いとは？ 161
Q 腕立て伏せなどの自重トレーニングはウエイトを使ったトレーニングと同じ効果があるか？ 165
Q 筋肉をつけるためにタンパク質をどれくらい摂取すべきか？ 168

第6章 ストレッチと体幹 172

Q ストレッチでケガを防げるか？ 173
Q 運動前にストレッチするとパフォーマンスが低下する？ 176
Q 運動前の最適なウォーミングアップ方法とは？ 179
Q 運動後のストレッチで翌日の筋肉痛を予防できるか？ 184
Q 「体幹」をどう鍛えるべきか？ 186
Q ヨガは有酸素運動になるか？ 191
Q ヨガとトレーニングを比べてみると？ 194

第7章 ケガと回復のメカニズム 197

Q 捻挫をしてしまったら、どのくらい休養すればいいか？ 198
Q 運動後の冷風呂で身体の回復は早まるか？ 203
Q 温パックや温風呂は身体の痛みを和らげるか？ 206
Q マッサージはどのくらい効果があるのか？ 209
Q フルマラソンなどハードな運動から回復するのに必要な時間は？ 212
Q 疲労骨折のリスクを減らす方法とは？ 215
Q 体調が悪いときも運動したほうがいいか？ 218
Q 少量のアルコールでも翌日のトレーニングに影響するか？ 220

第8章 スポーツと老化 225
Q スポーツを長年続けることで身体にはどのような影響があるか? 226
Q ランニングは膝に悪い? 230
Q 年齢に合った運動をすべきか? 233
Q パフォーマンスは加齢とともに低下するか? 235
Q パフォーマンスが低下したとき、どうモチベーションを保つか? 239
Q 水中でおこなう運動のメリットとデメリットは? 241
Q 骨密度を維持するための運動とは? 244
Q DNAの老化は運動で阻止できるか? 249

第9章　体重マネジメント　252

Q　太っていても健康でいられるか？　253
コラム……肥満度指数（BMI）　257
Q　摂取カロリーと燃焼カロリーの差は、そのまま体重の増減になる？　258
Q　痩せるためには食事制限と運動のどちらが有効か？　261
Q　「脂肪燃焼」ゾーンはどうやって活用すればいい？　264
Q　運動をすると食べる量が増えて太るのではないか？　267
Q　体重を減らすには筋トレより有酸素運動がいいか？　270
Q　自転車や徒歩で通勤するほうが燃焼カロリーは多くなる？　273
Q　食欲ホルモンで空腹感を抑えられるか？　278
Q　座って仕事をする人はトレーニングの効果が出にくい？　280

第10章 食べ方、飲み方 284

Q カーボローディングの効果はどの程度あるのか？ 285
Q スポーツの前には何を食べるべきか？ 288
Q 運動後の水分・栄養補給には何が最適か？ 292
Q 運動中の脱水症状を避けるために補給すべき水分量は？ 295
Q 水を飲みすぎると何が起こるか？ 299
Q スポーツドリンクに本当に必要な栄養素は？ 302
Q 抗酸化ビタミンで運動のメリットが失われる？ 305
Q プロバイオティクスを摂取したほうがいいか？ 309
Q ビタミンDはアスリートにとって重要な栄養素か？ 312
Q ベジタリアンでも激しい運動に必要な栄養をまかなえるか？ 315

第11章 心と体 320

Q 脳が疲れていると身体的なパフォーマンスも低下するか？ 321
Q トレーニング中に考えごとをしていると影響がある？ 324
Q 音楽を聴いたりテレビを見たりすることは運動効果に影響するか？ 327
Q プレッシャーがきついと集中力やパフォーマンスが上がる？ 331
Q 身体を鍛えると頭も良くなる？ 334

第12章 練習と試合 338

Q 試合前日にはどのように調整すべきか？ 339

Q 試合の前夜にセックスしてもいいか？ 342
Q コーヒーでパフォーマンスは向上するか？ 345
Q 観客の声援でパフォーマンスは向上するか？ 348
Q 最高のパフォーマンスを引き出す睡眠とは？ 351
Q 長距離走での最適なペースとは？ 353
Q サッカーなどのフィールドスポーツでは持久力と瞬発力のどちらが重要か？ 357

最後に——実験室からジムへ 360

訳者あとがき 364

はじめに――この本に書いてあることと書いていないこと

「トレッドミルもエアロバイクも不要？　運動と同じ効果のある錠剤の開発に成功」――二〇〇八年の夏、カリフォルニア州にある生物医学の研究機関（カリフォルニア州ラホーヤのソーク研究所）が、刺激的なタイトルで、ある研究結果についてのプレスリリースを発表しました。

実験用のマウスにＡＩＣＡＲと呼ばれる薬を四週間与えたところ、薬を与えないマウスより、四四パーセントも長い距離を走れるようになったというのです。もちろん、マウスにはまったくトレーニングをさせていません。予想どおり、翌日の新聞各紙には、このニュースを伝える記事が多く掲載されました。

なんとも魅力的な話です。トレーニングにつきものの苦痛や、汗をかくことすらなく健康になれるのなら、それにこしたことはありません。毎日、テレビや雑誌、インターネット（そして大量の迷惑メール）を通じて、同じような効果を謳う商品が宣伝されているのもそのためです。ただし、一つ問題があります。――そう、そんなことは、実際はありえないのです。

この発表は多くの研究者（ミズーリ大学の生理学者フランク・ブース、マシュー・ライエら）の批判を浴びました。運動は、身体のほぼすべての器官系（循環系、神経系、内分泌系、消化器系、免疫系、腎臓、骨格筋、骨、靱帯など）に影響を与えます。運動が影響を与えないのは感覚系と、（意外にも）肺のみであると考えられています。

批判の主な論拠は、これらすべての器官系に変化を引き起こすことができないかぎり、錠剤は運動の代わりにはならないというものでした（さらにいえば、四四パーセント長い距離を走れる能力が得られたとしても、それだけで健康にはなれません。運動効果は、実際に四四パーセント長く走り、カロリーを燃やすことでしか得られないのです）。

あらかじめお断りしておきますが、本書には、運動をしなくても簡単にフィットネス（運動効果による心身の健康状態の向上）が得られるような秘密の方法や、魔法の薬は登場しません。その代わり、運動や健康、パフォーマンスに関する最新の科学的研究の成果を、わかりやすく解説しています。

また、それと同じくらいに重要な「現在の科学ではまだ明らかにされていないこと」についても、できるだけ多く紹介しています。これまでの常識や、根拠のない思い込みによってではなく、世界各地の研究者による四〇〇以上の論文と、一〇〇以上のインタビューから得た「たしかな証拠」にもとづき、フィットネスに関するよくある疑問に答えていきます。

ですから、科学が現時点でまだはっきりした答えを出していない問題については、適当にそれらしい結論を用意したりはしていません。たとえば、ここ数年、ランナーの間で裸足（または「ミニマリスト」シューズ）で走ることへの関心が急速に高まりました。従来のランニングシューズと比べて、ケガをしにくくなると考える人もいます。しかし、裸足ランニングが関節に及ぼす影響を調べた研究の結果、ケガへの影響はいまのところはっきりとはわかっていません。

本書では、このテーマを、七四ページで取り上げます。裸足ランニングの可能性にかけるべきか（見た目の問題も含めて）を、科学的な研究成果を参考にして判断してみてください。現時点でわかっているのは、ケガをしがちなランナーは、裸足で走ることでケガを減らせるかもしれないということ、そして、これからランニングを始めようとしている人は、いきなり裸足で走ることは控えておいたほうがよいということのみです。

残念ながら、万人に当てはまる「最良の」トレーニングのプログラムや技法はありません。これまでの運動経験、現在の健康状態、運動の目標、そして、そもそもどのような運動をするのかなどを考慮に入れなければならないからです。結局のところ、もっとも効果的なプログラムとは、無理をせずに続けられる、自分に合ったものなのです。
あらゆるトレーニングの基本となる大切な概念があります。それは、SAID（特異性の原理：Specific Adaptation to Imposed Demands）と呼ばれるもので、以下のように定義されています。

《さまざまな負荷が与えられると、人体はそれらに適応して変化する》

この原理はあらゆる運動に当てはまります。負荷とは、バーベルを持ちあげたり、自転車のペダルをこいだりすることです。適応とは、筋繊維が大きくなる、心臓が強くなるなどの、さまざまな身体の変化です。

大切なのは、どの程度の負荷をかければよいのかを理解することです。負荷があまりにも小さいと（たとえば、〇・二キロのダンベルを持ちあげるといった）、身体はそれに適応しなくてもよいと見なします。逆に負荷があまりにも大きすぎると、ケガや激しい疲労のためにやはり適応できなくなります。本書では、このデリケートなバランスをとるために役立つ情報を多数、紹介します。

この「適応」の最大の目的は、食物から摂取したエネルギーを効率よく身体の動きに変換することだといえます。人のすべての動作は、筋繊維の収縮によっておこなわれます。筋繊維の収縮の燃料になるのはATP（アデノシン三リン酸）と呼ばれる分子で、これは炭水化物、脂肪、タンパク質からつくられます。

栄養はいくつかの方法でATPに変換されます。一つはホスホクレアチンと呼ばれる有機酸に変換し体内に貯蔵する方法で、これは一〇秒ほどしか持続できない激しく爆発的な運動のエネルギーとして使われます。解糖と呼ばれるプロセスもあります。四五秒ほど続く運動で使われるATPの源です。この二つは、ATPをつくるにあたって酸素を必要としないため、「無酸素（アネロビクス）」エネルギーと呼ばれています。

一方、長時間の運動に使われるエネルギーは、細胞内にある小さな「発電所」であるミトコンドリアが、炭水化物や脂肪をATPに換えることで得られます。このプロセスでは酸素が必要なため、このタイプの運動は「有酸素運動（エアロビクス）」と呼ばれています。

身体が運動に慣れていくにつれ、このプロセスの効率はぐんぐんと高まります。ATPを大量に生産するために細胞内のミトコンドリアが増え、炭水化物の代わりに脂肪が燃やされる割合も高まります（ちなみに、脂肪はほとんど無限のエネルギーを保存できます）。筋繊維も、一つの収縮でそれまでよりも大きな力を生み出せるようになります。

身体の形も変わりはじめます。一番の変化は、脂肪が減り、筋肉が増えることです。身体の内部でもさまざまな変化が起こります。筋肉の強い力で引っ張られることで、骨は頑丈になります。働き者の筋肉に酸素をたっぷり含んだ血液を送るために、心臓は大きくなります。血液を身体のすみずみに届けるために、毛細血管のつながりも広がります。神経は脳から筋肉への命令を速く、効率よく伝えるようになります。他にも驚くほどたくさんの良い効果があります。

意外かもしれませんが、ある意味もっとも重要なのは脳に生じる変化です。エクササイズが脳に及ぼす影響についての研究はまだ未開拓の部分が多く、人間にたとえれば幼児のような段階にありますが、確実にいえるのは、運動によって脳に血液と成長因子（体内で細胞の増殖や分化を促進する内因性タンパク質の総称）が多く送り込まれることで、記憶力や学習能力、認知力が高まり、老化防止などにも劇的な効果が見られるということです。また、運動の最中には、脳内でエンドルフィンをはじめとする、気分を高揚させ精神に良い作用をもたらす化学物質が分泌されます（それを軽い中毒の一種であると見なす研究者もいるくらいです）。

私は十代前半で陸上競技を始め、中・長距離走の選手になりました。はじめは練習をとてつもない重労働だと感じました。何年間も厳しいトレーニングに明け暮れる日々が続きましたが、ケガをして一時的にトレーニングできなくなったとき、はじめて自分がどれほどスポーツを愛しているかに気づきました。

当時、私にとってトレーニングは一日の最大のイベントでした。練習がなければ、毎日屋外に出て解放された気分を味わうことはなかったでしょうし、競技を通じて、後に妻となる女性やかけがえのない友人たちと出会い、素晴らしい時間を共に過ごすこともなかったでしょう。練習をしているときは、考えごとに没頭するにも最高でした。

いつの日か運動とまったく同じ効果を得られる薬が開発されるなどとは思えませんし、たとえそのような薬ができたとしても、私は使いたくはありません。本書で紹介するアイデアのいくつかを実行し、身体を動かすことの素晴らしさを体験した読者の皆さんが、私と同じ考えをもってくださることを、心から願っています。

第1章 トレーニング以前の基礎知識

一九六〇年、大統領就任を目前に控えていたジョン・F・ケネディは、国民が日常生活で身体を動かす機会が減っている現状を嘆き、『スポーツ・イラストレイティッド』に「軟弱なアメリカ人」というタイトルの記事を寄稿しました。

「今日、人間の活動、とくに肉体労働は、ますます機械にとって代わられるようになっている。経済学者の多くは、一九七〇年代には肉体労働者がほとんどいなくなると予測している」というケネディの予測は、幸いにも現実のものとはなりませんでしたが、まったくの的外れだったわけでもありません。先進国の人びとは、暮らしのなかで必要に迫られて身体を動かすのではなく、健康のために自らの意志で運動するようになっているのです。

ケネディが国民に身体を鍛えることを求めたのは、アメリカには旧ソ連に負けない「活力と意志の強さ」が必要だと考えていたからです。しかし今日では、運動は心身の健康に不可欠のものだと見なされるようになりました。ケネディの時代と変わらないのは、運動を始めたばかりの人や、ジム通いを検討中の人が、運動によって何が得られるのかを知っておくべきだという点です。運動の量、目に見える変化が得られるまでの期間、もっとも効果的な練習方法、リスクを最小限に抑える秘訣などを、運動を始める前に、十分に考慮しておくべきなのです。

Q トレーニングの効果はどのくらい続けると生まれるか？

まず、良い知らせがあります。トレーニングを開始してほんの数時間後には、身体は強く、健康になりはじめます。ただし「シックスパック」と呼ばれるような割れた腹筋がほしいと考えているのなら、少しばかり辛抱強くならなければいけません。

数年前、ウィスコンシン大学で（同大学ラクロス校の科学者ミーガン・アンダーソンらによる）、運動習慣がほとんどない二五人の被験者を対象とした、ある実験がおこなわれました。運動器具の販売会社（ボーフレックス社やボディ・フォー・ライフ社などが有名）が大胆に喧伝している短期間での目覚ましい肉体的変化が本当に得られるものかどうかを、六週間の集中的な運動プログラムを通してたしかめようとしたのです。

被験者は真面目にプログラムに取り組みましたが、運動器具の宣伝に登場するモデルのような割れた腹筋は、誰も手にできませんでした。また、プログラムの前後に被験者の身体的な魅力を審査員によって採点したところ、その結果に違いは見られませんでした。

ただし、変化が何も起きないわけではありません。ウエイトトレーニングを数回おこなうと、脳は強い力を生み出すために、多くの筋繊維を同時に収縮させようとしはじめます。この「神経の目覚め」は、わずか数回の運動の後に生じます。筋肉が目立って大きくなるよりもずっと前から、力は強くなりはじめるのです。

さらに、本格的なトレーニングをすれば、二週間後には筋肉中の個々の筋繊維が大きくなりはじめます。ただし、見た目にはっきりとわかるくらい身体が変化するには、時間がかかります。脂肪組成と筋肉組成の変化は、通常は約九週間のトレーニングをしなければ、高度な機器を使っても検出できません。

二〇一〇年の東京大学の研究によると、トレーニング開始二か月後に力の強さがもっとも向上し、三か月後に筋肉量の最大の増加が見られましたが、被験者が週に四回のかなり激しい運動をおこなっていた点を割り引かなくてはいけません。トレーニングの効果は開始日から出ますが、一般人がジムに通って彫刻のような見映えのする身体をつくろうとすれば、少なくとも六か月はかかるのが普通です。

体重の増減の予測はさらに難しくなります。体重は運動を始めたときの健康状態や病歴、運動経験、遺伝的要素、食習慣、運動の程度などに影響を受けます。減量に大きな効果があるのは有酸素運動です。

筋力トレーニングと同じく、体形の変化がはっきりと自覚できるまでには時間がかかりますが、そのずっと前に、健康状態や運動能力が大きく向上しはじめます。有酸素運動をすると、「細胞内の発電所」と呼ばれるミトコンドリアが増えます。ミトコンドリアは筋肉内で酸素をエネルギーに変える働きをし、その数が増えるほど、速く、遠くまで走れるようになり、脂肪も燃焼しやすくなります。約六週間のトレーニングで、ミトコンドリアの数が一・五倍から二倍も増加することが明らかになっています。

健康状態は、わずか一回の有酸素運動の直後から改善しはじめます。運動の約四八時間後には、筋肉は血糖値を下げるためにいつもより多くのぶどう糖を消化するようになります。数回の運動後には、血糖値を効率よくコントロールするために、インスリン感受性（インスリンによる血糖値の低下などの効果）が改善しはじめます。

結論としては、体形をはっきりと変えるためには、数か月から数年の長い期間が必要です。ただし運動の開始直後には、体内でさまざまな良いプロセスが始まります。体つきに変化が起きなくてやる気を保ちにくいと感じているのなら、それらの効果を得るためにはそれ相応の時間が必要であることを思い出しましょう。辛抱強く運動を続けてみてください。

ポイント

筋肉の変化が見た目にはっきりとわかるまでには少なくとも三か月のハードなトレーニングが必要。同じく持久力の大きな向上のためには少なくとも六週間のトレーニングが必要。ただし、健康状態と運動能力は、細胞レベルではトレーニング開始から数日後に向上しはじめる。

Q 健康のためにはどの程度の運動をすればいいのか?

これは専門家の間でも大きく意見が分かれている問題です。ただしその内容は、おそらく読者の皆さんが想像するようなものではありません。実は科学的にはかなりはっきりとした答えが出ています。意見が分かれているのは、それをどう世間に伝えるべきかという点なのです。ここ数十年の研究によって、以下の二つがきわめて明確な事実として認識されるようになりました。

1　ごくわずかな運動でも健康に良い効果をもたらす（一〇分程度の運動でもよい）。

2　運動をすればするほどその効果は高まる。

問題は、一番目の真実（わずかな運動でも効果がある）の実践ですら難しく感じている人に、二番目の真実（すればするほど効果がある）をどう伝えればよいか、という点です。北米に住む大半の人が、ごくわずかな運動も困難だと感じています。

二〇〇八年の調査（米国疾病管理予防センターによる）によれば、アメリカ人の四分の一が過去一か月間まったく運動をしておらず、半数以下が、国民の健康向上のために政府が推奨している「週に五回、三〇分間の中程度の運動」という目標（「ヘルシーピープル2001」で指定）に届いていませんでした。カナダでも、週に四回、三〇分間の中程度の運動という政府目標を満たしていたのは、国民のわずか三分の一でした。

国民の健康という観点から一番重要になるのは、運動習慣がまったくない人が、わずかでも運動をするようになることです。五〇～七一歳の二五万人の男女を対象にした追跡調査（米国立保健研究機構による）によれば、もっとも健康状態が向上するのは「運動する習慣がまったくない人が少しだけ運動をしはじめた場合」でした。

国が定めたエクササイズのガイドラインは満たしていなくても若干の運動習慣がある人は、まったく運動習慣がない人よりも死亡率が三〇パーセント低く、さらに、中程度の運動の回数を増やすと、死のリスクは八パーセント、強めの運動を加えると一二パーセント低下します。つまり、週に五回、約三〇分間、ほどほどの強度の運動をおこない、そのうち三回に約二〇分間の強めの運動を入れると、あらゆる死因のリスクを半減できることになります。

ここまでは、何も問題ありません。しかし、政府のガイドラインが定める基準以上の運動をした場合に何が起きるのかを考えるとき、専門家の意見は分かれます。運動をすればするほど効果が上がると主張する科学者（ローレンスバークレー国立研究所の研究者ポール・ウィリアムズ）もいます。

一一万人のランナーを対象に、各人のランニングの距離、速度、練習回数が健康状態に及ぼす影響を追跡調査した研究（一九九一年以来、ウィリアムズらが実施する「米国ランナー健康研究」）では、大量の被験者を通して有酸素運動と健康の間に「用量反応（作用に対する人体の反応）」の関係があることが明らかになっています。これは、数多く激しく運動をするほど、より効果が得られるということを意味します。

この研究は、基準以上の運動をおこなうことで、糖尿病や脳卒中、心臓発作などの代表的な死因から、緑内障、白内障、黄斑変性などの、実にさまざまな疾患によるリスクを約七〇パーセント減らせることを示しています。どの効果にも、被験者が毎日走る平均的な距離と速度が関連していました。たとえば毎日一・五キロほど多く走ると、緑内障になるリスクが八パーセント下がります。一〇キロ走で毎秒一メートル速く走ると（いつも一〇キロを五三分で走る人が、四〇分で走る速さ）、心臓発作の発症リスクが約五〇パーセント低下します。

ただし、過剰なトレーニングは免疫システムの働きを低下させる場合があることも事実です。栄養と睡眠が不足していると、さらにその危険は高まります。また、きわめて激しい練習を毎日何時間もおこなうエリートアスリートは、「オーバートレーニング症候群（過度の運動により疲労状態から抜けられなくなること）」に悩まされることもあります。過度の運動がもたらすこうした症状は、健康になろうとして頑張りすぎ、青い顔をして走っているランナーだけではなく、あらゆる有酸素運動をおこなう人に当てはまるのです。

ポイント
週に五回、三〇分の運動（一〇分間程度でも）であらゆる死因リスク減らすことができる。
運動の量を増やせば効果はさらに高まる。

Q 有酸素運動（エアロ）と筋トレ（ウエイト）、どちらを先にすればいいか？

まず、明確な事実を認めることから始めましょう。一流の重量挙げ選手と、一流のマラソンランナーの能力を兼ね備えている人はいません。毎日何時間も激しいランニングをしている人は、隆々とした筋肉を身につけにくくなり、毎日何時間も重たいバーベルを持ちあげている人は、長距離走などで求められる持久力を向上させにくくなります。

でも、心配は無用です。二つの競技で同時にオリンピックのメダリストになることを目指している人は、おそらくいません。アスリートの多くは、有酸素運動によって持久力を高めつつ筋肉も維持したいと考えており、これは運動を楽しむ一般人でも同じです。たとえばプロバスケットボール選手は、瞬発力や身体の強さを必要としますが、同時にコートを四〇〜六〇分間、激しく動きまわるための持久力も必要です。

カナダのサイモン・フレイザー大学（ブリティッシュ・コロンビア州バンクーバー）でバスケットボールチームの筋力・フィジカルコンディションのコーチを務め、数々のオリンピック選手のスピードコンサルタントとしても知られるデレク・ハンセンは、エアロ（有酸素運動）とウエイト（筋力トレーニング）を効率よく組み合わせることが、その答えだと述べています。

ハンセンは、バスケットボール選手に対しては「基本的に、ウエイトトレーニングやジャンプ、短距離ダッシュをおこなったら、翌日は有酸素運動をさせることにしています」と述べています。一回のトレーニングセッションでウエイトトレーニングと有酸素運動を組み合わせる場合は、まずウエイトを先におこないます。バスケットボール選手には、どちらかといえば持久力よりも筋力の強さが求められるためです。

エアロとウエイトのうち、重要なほうのトレーニングを先におこなうというアプローチは、エリートアスリートの間でも広く採用されはじめています。最近まで、科学はこれをたんなる便宜的な問題だととらえていました。たとえば、トレッドミルであまりにも疲れてしまえば、重たいバーベルを持ちあげることができなくなるので、結果として筋肉をつけにくくなるといった考えです。

しかし最新の研究手法によって、種類の異なる運動の後に、どのような種類のタンパク質が筋肉内に生じるのかが解明されはじめました。筋肉を肥大させるための細胞内の作用は、持久力を強化するために用いられるのと同じ「マスタースイッチ」、すなわちAMPキナーゼと呼ばれる酵素によって部分的に決定されることもわかったのです。

問題は、このスイッチはエアロとウエイトの両方を「オン」にすることはできないということです。つまり、このスイッチはオンになる際に、「筋肉を大きくする」か「持久力を高める」かのどちらかに照準を合わせます。そしてスイッチは、瞬時には切り替えられません。運動のはじめに有酸素運動をするか筋力トレーニングをするかで、どちらにスイッチが入るかが決まります。

「自分にとって重要なほうから始めるべき」というのが、エアロかウエイトかという問いへの答えです。夏に海辺でたくましい身体を披露したいのなら、ウエイトトレーニングから始めましょう。数週間後に控えた五キロレースの準備をしているのなら、有酸素運動をすべて終わらせてから、最後にウエイトトレーニングをしましょう。

どちらも同じくらい重要だという人には、「毎日のセッションで、順番を入れ替えながら効果的に組み合わせていく」というハンセンのアドバイスが有益です。ハンセンは、この二つをうまく組み合わせ、練習メニューに変化を与えることで、身体機能や新陳代謝などに良い刺激が与えられるとも述べています。

ポイント
自分にとって重要なほうを先におこなう。両方とも同じくらい重要な場合は、その日に鍛えたいほうから始める。

Q 週に七分間の運動でも効果がある？

「わずかな運動でたちまち健康に」というような謳い文句は、深夜のテレビコマーシャルでしか目にしないものだと思っている人にとって、ここ数年、学界（米国スポーツ医学会の年次会議）でも、「高負荷インターバルトレーニング」（ＨＩＴ）という短時間の運動による効果が大きな話題になっているという事実は、ちょっとした驚きかもしれません。

ＨＩＴの支持者は、週にわずか七分間の強めのインターバルトレーニングによって、従来の持久力トレーニングで得られるのと同程度のメリットが得られると述べているのです。

カナダの運動生理学者マーティン・ギバラら（オンタリオ州ハミルトン、マックマスター大学）によって、興味深い実験がおこなわれました。三〇秒間できるかぎり激しくエアロバイク（自転車型運動器具）をこぎ、四分間休憩。この四〜六回の繰り返しを一セットとし、週に三回被験者におこなわせたところ、運動能力、筋肉の新陳代謝、心肺の状態に、週に五回、一日一時間の運動をした場合と同等の効果が見られたのです。

最近の研究（カナダ、ゲルフ大学のジェイソン・タラニアンらの研究）では、筋肉や心臓に血液を送る主動脈の機能を、ＨＩＴによって一般的な有酸素運動のトレーニングと同じくらい向上させられることがわかっています。また、脂肪も燃焼しやすくなり、その状態が日常生活での軽い運動で持続することも明らかになっています。

こうした結果は、これまで何十年もの間、ピークパフォーマンスのためにインターバルトレーニングを活用してきたランニング、水泳、自転車のエリートアスリートにとってはとくに目新しいものではないでしょう。

たとえば、一九五四年にはじめて一マイル四分の壁を破った英国のロジャー・バニスターの主な練習メニューが、六〇秒の全力疾走と二分間の休憩を一〇セット繰り返すインターバルトレーニングだったことはよく知られています。医学生だったバニスターは、一日のなかでトレーニングに使える時間が昼休みの三〇分に限られていたため、このような練習メニューを考案しました。

　ＨＩＴの推進者は、バニスターと同じように忙しい現代人には、運動のための時間がないと主張します。各種の調査でも、政府推奨の一日三〇～六〇分の運動ができない理由としてもっとも多かった回答は、時間の制約でした。「ＨＩＴは持久力トレーニングのすべてのメリットをもたらす万能薬ではありませんが、トレーニングの苦しみを味わう時間を短く済ませる方法だといえます」とギバラは述べています。

　ＨＩＴがもたらす効果をさらに細かく調べるための研究も始まっています。西オンタリオ大学による実験では、被験者を三〇秒のスプリント走を三～六回、四分間の休憩を挟んでおこなうグループと、一度に連続して三〇～六〇分走るグループに分け、それぞれ週に三回のトレーニングを六週間おこなわせたところ、両グループの持久力の向上と脂肪の減少はほぼ同じでした。ただし、持久力向上の原因は違いました。長距離を走ったグループでは、心臓が送り出す血液量が増えたことが主な原因であったのに対し、ＨＩＴのグループでは、血液から酸素を摂取する能力が、筋肉の強化によって改善したことが原因でした。

　心臓と筋肉の強化はどちらも重要であるため、トレーニングをＨＩＴのみにするのは好ましくないといえます。有酸素運動とウエイトトレーニングをバランス良く組み合わせるのと同じように、ＨＩＴと持久力トレーニングを併用すべきでしょう。

また、高負荷の運動は危険をともなうと考えられています。運動習慣のない人や高齢者は、ＨＩＴをおこなう前に医者の診断を受けるべきです。ただし、癌や心臓疾患など、身体にリスクを抱えた人でも、ＨＩＴトレーニングによるメリットを得られるという研究結果もあります（ブリティッシュ・コロンビア大学のダレン・ウォーバートンら）。

しかし、良いことばかりではありません。数分で一時間と同じ運動効果を得るためには、それだけ激しく運動しなければならないのです（深夜の運動器具のコマーシャルの免責事項と同じです）。短くきつい運動をとるか、長くても軽めの運動をとるか、それは各人の好みしだいです。全力での運動は快適なものではありませんが、ともかくすぐに終わることだけは間違いありません。

ポイント

「高負荷インターバルトレーニング」（ＨＩＴ）と呼ばれる短時間の運動によって、長時間の運動と同等の効果が得られることがわかっているが、短期間で効果を得るためには強度の高い運動が必要。

コラム

トレーニングの始め方

ＨＩＴを取り入れるうえで指針になるのは、「短い時間の運動は、効果を得るために激しくおこなわなくてはならない」という考え方です。ある研究者（マックマスター大学のマーティン・ギバラ）は、「心地良い領域を超えた、きつめの運動が必要である」と述べています。ＨＩＴに興味のある人は、まず週に一、二回程度から始めてみましょう。

・初心者――運動習慣がなく、近所を散歩するだけで息が切れてしまうような人は、まずは、電柱から電柱までの距離を少し速めに歩くことから始めましょう。ごくわずかではありますが、これでもＨＩＴの効果を得られます。電柱に着いたらまた速度を落とし、息が回復したらまた早歩きをします。これを繰り返します。

・標準的な人――一分間激しく運動をおこない、一～二分間、休憩します（速度を落とすか、完全に運動をやめる）。これを一〇回繰り返します。これは中級者から上級者が有酸素運動をおこなう場合の基本となる運動です。

・時間のない人――三〇秒の全力でのエアロバイク、四分休憩を、四～六回繰り返します（ギバラがおこなった実験）。これは、ＨＩＴの効果を得られるもっとも短い運動です。しかし、このような激しい運動を実験室以外の場所でおこなうことは簡単ではありません。それなりの経験と自己管理能力がある人（あるいは自分に罰を与える能力がある人）向きの方法だといえます。

運動をおこなう前には、少なくとも五〜一〇分間の準備運動をおこないます。

Q 運動をすると心臓発作が起きやすくなる？

二〇〇八年のベルリンマラソン。スタートからわずか数キロ地点で、カナダのダニー・カサップ選手が心臓発作で倒れました。幸いにも、観客の一人がその場で心肺蘇生（CPR）をおこなってくれたおかげで、二五歳のスター選手の命は救われました。しかしそのような幸運は、その数週間後に倒れた一九歳のプロアイスホッケー選手、アレクセイ・チェレパノフには訪れませんでした。ロシアで開催されていたKHL（コンチネンタルホッケー・リーグ）の試合中に心臓発作に襲われた若きホープは、そのまま息を引きとりました。

並はずれた健康体の持ち主であるはずのアスリートの運動中の突然死。こうしたニュースを耳にすると、私たちはランニングシューズの紐を結ぶたびに、命を危険にさらしているのではないかという不安にかられます。チェレパノフの死後、ＫＨＬは在籍する若手プレーヤーと入団予定選手への厳格な健康診断を義務づけました。ただし、このような予防処置が心臓発作防止に大きな効果があるかどうかについては、いまのところ明確な答えは出ていません。

この問題の第一人者であるコネチカット州ハートフォード病院の心臓病専門医ポール・トンプソンは、運動の最中には、致命的な心臓発作が生じる可能性が確実に高まると述べています。しかし、六〇分間運動をしている間に高まる心臓発作のリスクは、運動がもたらす健康効果によって相殺できるともいえます。米国心臓学会は、毎日一時間の運動によって、残りの二三時間で心臓発作に襲われるリスクが約五〇パーセント低下することを明らかにしています。

実際には、若いアスリートの運動中の突然死は、「人間が犬に嚙みつく」くらいまれにしか発生しません。それでも、こうした痛ましい事件は、スポーツを楽しむ一般人の心からなかなか離れてくれません。

トロント大学の疫学者ドナルド・レデルメイヤーは、「アスリートの突然死は、運動への意欲を低下させます」と述べています。レデルメイヤーらは三〇〇万人以上のマラソンランナーを対象に、レース中に発生する心臓発作の確率を調べました。その結果、有酸素運動を一〇〇万時間おこなった場合、心臓発作で死亡するのは約二人ということがわかりました。平均的な四五歳の男性が、平常時に心臓発作で死亡する確率と大差はありません。また、確率から見た場合、マラソン大会の開催のための交通規制で防げる交通事故の死者数は、大会で突然死するランナーの倍近くになるという研究結果もあります（英国医師会雑誌『BMJ』に掲載された二〇〇七年の研究）。

もちろん、いくらこうした統計的な数字があるからといって、自分の命が危険にさらされるかもしれないという不安を拭いさることは簡単ではありません。運動中の心臓発作を防止するための調査も多数おこなわれています。

トンプソンがスポーツ中に突然死した人びとを検死したところ、その九四パーセントが以前から心臓になんらかの異常をもっていたことがわかりました。しかし、これらの異常を診断によって事前に特定することは有効とはいえません。なぜなら、これらの異常はとても一般的なものだからです。健康なスポーツ選手の心臓の約一〇パーセントは、心電図に異常値を表示します。さらに細かい診断をおこなうと、小さな異常が発見されるようになり、偽陽性（陰性であるにもかかわらず、誤って陽性の結果が出ること）の確率も高まります。

レデルメイヤーもこれと同じ見解を示しています。前述のアイスホッケーリーグでの健康診断のような検査を現実的に有効なものにするには、相当に診断の精度を高くし、かつ費用を抑える必要があります。それが実現できなければ、その診断にかける人員や費用を、レース中に発生した心臓発作の対応に充てるほうが賢明です。心臓発作はごくまれにしか発生せず、またその事前の特定がきわめて難しいからです。ベルリンマラソンで一命をとりとめたカサップの場合も、倒れた原因はウイルス性の心筋炎（心臓の炎症）で、これは事前の診断では予測できない類のものでした。

ポイント

有酸素運動中に心臓を原因とする死亡事故が生じるのは、平均すると一〇〇万時間にわずか二回。そのうち九四パーセントは、運動と関係なく存在する心臓の異常に起因している。運動をしないことで、むしろ心臓を原因とする死のリスクが高まる。

Q 運動すべきでない暑さはどれくらい？

暑さは運動に適していないだけではなく、命の危険にもつながります。アメリカでは毎年のように、猛暑下での厳しいトレーニングの最中に突然倒れ、命を失うフットボール選手のニュースを耳にします。一九六〇年以来、一二八人の高校、大学、プロのフットボール選手の尊い命が炎天下での練習中に失われました。

暑さによる危険を避ける基本的な方法としては、水分を十分に補給する、一日のうちでもっとも涼しい時間帯に運動をする、直射日光を避ける、練習時間を短くする、練習強度を低くする、休憩を多めに入れる、などが挙げられます。しかし、このような方法を十分に意識すべきなのは、暑さがどの程度になった場合なのでしょうか？

それは、健康状態や運動する場所しだいです。太っていたり、体調がよくなかったり、水分が不足している場合は熱中症になりやすくなります。温暖な地域に住んでいる人は、熱帯地域に住んでいる人よりも、突然の暑さに見舞われた場合のリスクが高まります。

ただし、人間の身体は気温の高い場所では激しい運動をしないように自動的に調整する機能をもっています。ケープタウン大学による実験で、気温三五度で被験者に二〇キロの自転車運動をさせたところ、被験者の脳からは、体温の上昇前の段階で、足の筋肉の動きを普段よりも抑えるための信号が出ていることがわかりました。これは高い気温に適応するための、無意識的な反応です。

この研究のリーダー、ロス・タッカーは、「暑いなかで運動を始めると、すぐにペースはいつもより遅くなります。一分も経たないうちに、人は無意識にペースを落とそうとするのです」と述べています。

それでも、突然の気候の変化で猛暑が訪れたとき、人は限界を超えて頑張ろうとする傾向があります。二〇一〇年、ミネソタ州のツインシティマラソンのメディカルディレクター、ウィリアム・ロバーツは、酷暑によって大量の犠牲者が出た最近のマラソンレース、八大会の分析結果を発表しました。

これらの大会では、熱中症で大量のランナーが倒れました。現地の医療施設の対応が混乱し、応急処置の対応に大きな遅れが生じたほどです。ただし、これらのレースの大部分は、米国スポーツ医学会のガイドラインでは問題ない天候下でおこなわれていたのです。問題はレースが、ボストン、シカゴ、ロンドン、ロッテルダム、ロチェスター、ニューヨークのような、毎年数か月以外はすべて比較的寒冷な気候の北部の都市でおこなわれていたことでした。

このため、スタート時点の「湿球黒球温度」（気温、湿度、太陽輻射を考慮した、酷暑の環境下での行動にともなうリスクの度合いを判断するための尺度）が、比較的程度の軽い「注意」（「ほぼ安全」と「警戒」の中間）に相当する二一度であったレースにおいてさえも、大量の熱中症が発生してしまったのです。これらのレースはすべて、ランナーが暑さに慣れている真夏ではなく、春または秋におこなわれていました。つまり、重要なのは気温そのものではなく、相対的な条件です。気温が高いかどうかよりも、選手がどれだけ暑さに慣れているか（あるいは準備をしているか）のほうが重要なのです。

ポイント

気温が二一度以上の環境での長時間の激しい運動には注意が必要。暑さに慣れるまでには、一〇日〜二週間が必要。

Q 空気が悪い場所での運動は避けるべきか？

当然ながら、都市部の汚染された空気は身体に良いものではありません。運動をするならなおさらです。一度に吸い込む空気の量が増えることと、口呼吸が多くなることでフィルターの役割をする鼻腔を通らずに直接体内に多くの汚染された空気が取り込まれることが要因です。

光化学スモッグ警報が発令された場合や、汚染レベルがもっとも高くなる朝や夕方のラッシュアワー時は、屋外での激しい運動には慎重になるべきです。それでも、注意深く時間帯と場所を選ぶことで、健康的で安全な運動をおこなえます。

大気汚染のレベルが高い場所での運動では、汚染物質が含まれた空気を吸引することで、気道に悪影響が生じ、発作的な咳や呼吸困難などの症状が表れます。しかし、現代の医学では、これらはより大きな問題の一部にすぎないとの見方が広がっています。

トロント大学の専門家（大学病院UHNのぜんそく・気道センターでディレクターを務めるケン・チャップマン）は、「体内の血液はすべて、酸素を得るために肺を循環します。肺が炎症を起こすと、その炎症シグナルは全身に伝達されます」と述べています。その結果、汚染が激しい日には、脳卒中や心臓発作などの重大な症状が発生する確率が高まります。

交通量が多い場所では、問題が増加します。オーストラリアでの最近の研究では、被験者に四車線のハイウェイ沿いにジョギングさせたところ、わずか二〇分後に血液内の揮発性有機化合物（ガソリンに含まれる成分）が高いレベルに達しました。ただし、二〇〇六年の研究（吸入毒性の学術誌『インハレーション・トキシコロジー』に掲載）によれば、被験者が幹線道路から離れた位置で運動をおこなった場合、汚染の影響を受けるレベルは大きく低下します。

幹線道路から二〇〇メートル弱ほど離れただけで、排気ガスによる汚染物質のレベルは四分の一以下に下がるのです。また、近隣に樹木が多い場合は、大きな保護効果が見られます。このため、道路から離れた位置にある、並木のある川沿いの自転車道の汚染レベルは、幹線道路沿いの自転車専用車線よりも劇的に低くなります。

徒歩や自転車で通勤している人は、汚染レベルが高いときには自家用車やバスを使ったほうがよいと考えるかもしれません。しかし、それがつねに正しい選択であるとは限りません（自分の車の排気ガスで、汚染を増大させてしまう点も考慮しましょう）。

二〇〇一年のデンマーク・コペンハーゲンでの研究では、車と自転車で市内の同じルートを移動した場合のそれぞれの汚染レベルを測定しました。その結果、自転車で移動した被験者のほうが長時間路上にいて深く空気を吸引していたことを考慮しても、車で移動した被験者が車内で汚染された空気を吸い込むことのほうが、人体によくない影響を与えることが明らかになりました。

一方、二〇〇七年にアイルランドでおこなわれた、バスと自転車を対象とした同様の比較研究では、バスの車内のほうが空気の汚染レベルはひどかったものの、深く激しい呼吸をする自転車のほうが健康によくない影響を与えることが示唆されています。

このように研究によって結果が異なると、どの手段で通勤すべきか少々混乱してしまいます。ヒントを与えてくれるのが、オランダ・ユトレヒト大学での研究です。同大学では、車通勤から自転車通勤に切り替えた多数の人びとを対象にすることで、汚染レベルが比較的高い地域での車と自転車での通勤が健康に及ぼす影響を総合的にとらえようとしました。

その結果、自転車通勤で汚染物質を吸い込むことで、平均で〇・八～四〇日寿命が短くなることがわかりました。交通事故の可能性を含めると、これに五～九日間が加えられます。ただし、運動による健康状態の向上によって、寿命は三～一四か月長くなります。プラスマイナスで考えれば、自転車通勤のほうが健康に良いといえるのです。

このように長期的な視点に立てば、運動によって汚染された空気を多く吸い込んでしまうことを我慢する価値があるようにも思われます。ただし、この問題を、白か黒かという問題としてとらえる必要はありません。答えは、うまく妥協点を見つけることです。交通量の多い道や時間帯を避けたり、ランニングや自転車の速度を少し落とすだけで、大気汚染の悪影響を減らしつつ、運動を楽しめるのです。

ポイント

激しい呼吸をすると汚染された空気を多く取り込んでしまう。ただし早朝の交通量が少

ない時間帯に運動をしたり、交通量の多い道路から数百メートル離れることで、取り込む汚染物質の量を大きく減らせる。

Q 運動は免疫システムにどう影響するか?

そのメカニズムは、まだ完全には解き明かされていませんが、最近の研究は、定期的な運動による免疫機能の向上についてのさまざまな証拠を示しはじめています。運動による免疫機能の向上の多くは、毎年インフルエンザが流行《はや》りはじめる時期になると売上げが急速に伸びる風邪薬からは得られないものです。

ただし、薬と同じく、運動も過量摂取すると逆効果です。マックマスター大学で子どもの運動と栄養に関する研究をおこなっているブライアン・ティモンズは、「適度な運動は効果的ですが、過度になると逆効果を生む場合があります。これは専門用語で〝Jカーブ効果〟(ある期間を超えると、初期とは逆の効果が生じること)と呼ばれるものです」と述べています。

この現象をわかりやすく説明してくれるのが、イリノイ大学による二〇〇五年の研究です。マウスをインフルエンザ・ウイルスに感染させ、運動をさせないグループ、一日二〇～三〇分間の運動をさせるグループ、一日二・五時間の運動をさせる三つのグループに分けてその後の症状を調べたところ、適度な運動をさせたグループの生存率は八二パーセントで、まったく運動をさせなかったマウスポテトのグループの生存率四三パーセントに比べ二倍という結果が示されました。

これは、運動が免疫機能を向上させた証拠だといえます。一方、長時間の運動をさせたグループの生存率は三〇パーセントと、三つのなかで最低でした。これは、炎症の促進と抑制という免疫細胞の二つの働きのバランスに、さまざまな影響が及ぶことが原因であると考えられています。適度な運動は過度の炎症を抑えるためにこのバランスをうまく保てるものの、長時間の激しい運動は炎症を過度に抑制するために、免疫細胞の働きを阻害してしまうのです。

この実験でのマウスの「適度な」運動を、人間に当てはめることは簡単ではありませんが、体調が良くないときに運動したい場合、標準的な運動のガイドライン（週に一五〇分の適度な運動、または七五分のきつめの運動など）が目安になるでしょう。

ランナーを対象にした研究では、週に約一〇〇キロ以上走るランナーは、風邪にかかりやすくなることがわかっています（ロサンゼルスマラソンに向けてトレーニングをしている二〇〇〜三〇〇〇人が対象）。「午前中は水泳、夜はランニングというように長時間の激しい運動を連日続けた場合や、フルマラソンを走り終えた直後などに、免疫機能の低下が見られはじめます」とティモンズは述べています。

運動によって免疫機能はきわめて短時間で向上しはじめます。二〇〇九年、アイオワ州立大学は、運動がもたらすインフルエンザの抑制効果を調査するマウス実験をおこないました。適度の運動を一四週間にわたっておこなわせたグループ、四五分間のトレッドミルを一度のみおこなわせたグループ（運動の一五分後にインフルエンザウイルスを投入）、運動をまったくさせていないグループをすべてインフルエンザウイルスに感染させ、その結果を比較したのです。

予想どおり、日常的に運動をしていたグループは、その後一〇日にわたってインフルエンザの症状やウイルスの量でもっとも低い値を示しました。意外にも、一度のみの運動をしたグループにも（その効果は数日で低減されたものの）、まったく運動をしないグループに比べてきわめて大きな免疫力の向上が見られました。

この結果からは、風邪を予防するためのヒントが得られます。人の密集度が高く、伝染病に感染しやすいような場所（飛行機の機内など）に行く予定があるときは、前日（当日の朝でもよい）に運動をしておけば、感染率をかなり低減できるのです。
人間に対する研究でもマウスと同様の結果が示されています。サウスカロライナ大学では、五四七人の成人を対象に一年かけて調査をおこない、適度な運動習慣のある人は、そうでない人に比べ上気道呼吸管感染症にかかる率が二〇パーセント程度低いことを明らかにしました。他の疫学研究でも類似の観察結果が得られています。風邪を引きやすい冬の時期に健康な状態でいたければ、ビタミン剤ばかりに頼らず、ジムに通うほうが得策だといえるでしょう。

ポイント

運動によって免疫機能が向上するという研究結果が多く報告されているが、過剰な運動によって逆に免疫機能が低下することもある。

Q スポーツに向いているかどうかは遺伝子によって決まる？

二〇〇八年、コロラド州のアトラススポーツ・ジェネティクス社が、「スポーツジェーン」と呼ばれる遺伝子テストの提供を開始しました。我が子のスポーツ選手としての才能が遺伝的にわかると知り、同社には熱心な親が全米から大勢訪れました。テキサス州から来た母親は次のようにコメントしています。「結果はとても役立ちました。テスト結果をもとに、息子にはもって生まれた才能に合ったスポーツをさせています」

テスト料は一六九ドル。対象となるのはACTN3と呼ばれる遺伝子です。二〇〇三年に始まったオーストラリアでの研究によれば、この遺伝子を調べることで、その人に向いているスポーツが持久力系のものか、スプリント・パワー系のものか、またはこの二つの組み合わせなのかがわかるとされています。

テスト結果が本当に有益なものであるかはともかく（実際、その有効性については大いに議論の余地を残しています）、まだ幼稚園にも通っていないような幼い子どもから、大きくなったらどんなスポーツ選手になりたいかという夢を奪うのは、良い考えだとはいえません。それでも、遺伝子によってある程度向いているスポーツが決められているかもしれないという考えを、完全に否定することは困難です。

七か国、八万五〇〇〇人以上の双子を対象にした二〇〇六年の研究によれば、人の運動習慣の約六二パーセントに遺伝的要因が関連しています。これは、家系による性格的要因の影響が大きいと考えられています。生活をうまく自己管理できる人はより多くの運動をする傾向があり、不安や抑鬱を感じている人は日常的に運動をする比率が低くなります。激しい運動後に分泌されるドーパミン（これによって心地良さを感じる）の量などの生理学的な違いも関係するとされています。遺伝的に体重を減らしやすかったり、筋肉をつけやすい体質の人も、運動をする傾向が高まります。

これらの結果は、運動向きの人とそうでない人が、ある程度遺伝的に決定されることを示しています。しかしここ数年、興味深い動きがありました。こうした「運動遺伝子」の研究は、暗礁に乗り上げてしまったのです。

数千人規模の人びとを対象にした、運動についての行動を予測する遺伝子の塩基配列の研究がいくつもおこなわれました。その結果、運動向きかどうかに影響すると思われる塩基配列は、たしかに発見されはしましたが、そのような塩基配列は、一つではなかったのです。

二六〇〇人のオランダとアメリカの成人を対象とした二〇〇九年の研究では、運動に関連するDNA領域が新たに三七も明らかになっています。つまり、運動にまつわるすべてに影響する、たった一つの運動遺伝子というものは存在しません。何百もの遺伝子が組み合わさって、さまざまな側面に影響を及ぼしているのです。すべての遺伝子がスポーツ向きの人も、スポーツに不向きの人もいません。たとえば、体質的に減量が難しい人でも、精神的・身体的に優れている他の遺伝的特徴があるといえます。

運動の向き不向きは遺伝子によって決められないという結果を示す研究は、二〇〇九年にもおこなわれています。一九五〇〜七六年に兵役に従事した一二〇万のスウェーデン人の男性を対象にして、身体的健康と知性の相関が調査されました。そのなかには六二九四人の双子がいたため、遺伝的な特徴と後天的な特徴の区別に役立ちました。

脳が急速に発達する一五歳から一八歳の間に有酸素運動で身体機能を向上させた人は認知テストの成績が良く、その後の教育レベルも高いという結果が示されました。ただし重要なのは、被験者間の違いの八〇パーセント以上が環境要因によって説明できる点です(遺伝的要因は一五パーセント以下です)。

つまり遺伝子は、たしかに私たちの運動のさまざまな側面に部分的に影響していますが、日常的に運動をするかどうかの選択は、あくまでも私たちしだいということです。運動する気が起きないのをDNAのせいにしていた人は、新しい言い訳を考えはじめたほうがよさそうです。

ポイント

運動能力や運動への趣向の違いはさまざまな遺伝子が影響している。ただし最近の研究は、その八〇パーセント以上が遺伝子ではなく環境に起因することを示している。

Q 運動の効果はどれくらいで薄れはじめるか？

良いニュースから始めましょう。運動によっていったん向上した健康レベルを維持するのは、それを得ることよりも簡単であることが多くの研究結果で明らかになっています。旅行中や試験前、仕事が忙しいときなどにいつものように運動ができなくても、わずかな運動をするだけで、苦労して手に入れたフィットネスを失わずにすむのです。

ただし、その期間には限度があります。デンマークの研究は、運動の量を減らしてから二～三週間後に、インスリン感受性と脂肪の燃焼能力が減少しはじめることを示しています。

二〇〇八年、カリフォルニア州のローレンスバークレー国立研究所のポール・ウィリアムズは、五万五〇〇〇人のランナーを対象にした「米国ランナー健康研究」における驚くべき結果を発表しました。ウィリアムズが「体重の増減における不均衡」と呼ぶこの現象は、一定期間運動をしないと、運動の再開後も以前より体重が増えやすくなるというものでした。

つまり、運動を一定の期間やめてしまうと、以前と同じ状態には簡単に戻れないのです。この説に従えば、習慣的な運動から二週間離れることで増える体重がわずか〇・五〜一キロ程度だとしても、それが毎年となると、残りの五〇週間で真面目に運動をしたとしても、着実に体重が増えていくことになります。ウィリアムズによれば、運動の中断後、増えた体重を減らすためには、女性は週に少なくとも一五キロ、男性は三〇キロ走ることが必要です。

忙しい現代人は、運動する時間をつねにひねり出せるとは限りません。そこで気になるのが、フィットネスが目立って低下しはじめるまでの期間です。「デトレーニング」と呼ばれるフィットネス低下のメカニズムは、驚くほど複雑です。運動によって強化された筋肉、心臓、新陳代謝の機能は、それぞれ異なる比率で低下していくからです。

持久力は運動をしなくても約二週間は維持できますが、四週間以上経過すると、運動を始める前の状態に限りなく近づきます。とくに、運動を始めて間もない人の場合、この低下は速くなります。逆に長期間にわたって運動をしてきた人がもつ大きな心臓や発達した毛細血管などは、数か月間にわたって持続する傾向があります。

運動する時間がない場合の、フィットネス維持のための良い方法を紹介しましょう。一九八〇年代の研究によって、週当たりの運動の回数と時間を減らしても、運動の強度を同程度またはいつも以上にすることで、フィットネスを維持できることが明らかになっています。

週に六回のトレーニングを習慣にしていた人は、週に二回、強めの運動をすることによって、心臓の大きさや酸素摂取力のような主なフィットネスの指数を維持できます。これは、高負荷インターバルトレーニングで用いられている戦略と似ています。筋力トレーニングをしばらく休むことで、数週間にわたって、瞬発力の筋力が向上する場合もあります。これは、筋肉に休養が与えられ腱が発達するためです。ただし、その効果がいつまでも続くわけではありません。

東京大学の研究では、三か月の集中的なトレーニングをおこなった被験者の筋肉は、一か月の休養後にトレーニング開始前の状態に戻りました。ただし、トレーニングによって向上した神経筋は数か月間維持されました。有酸素運動と同じく、いったん発達させた筋力を維持することは、一からつくりあげるよりもはるかに容易です。忙しいときも、短時間でもかまわないので、できるだけ運動をする時間をつくるようにしましょう。

☝ポイント

フィットネス（運動によってつくりあげられた良い健康状態）はトレーニングをしなくても約二週間は維持できるが、それ以上経過すると大きく低下する。ただし激しい運動をわずかでもおこなうことで、より長くフィットネスを維持できるようになる。

第2章 フィットネスギア

二〇〇九年にアメリカ人がスポーツグッズやフィットネスギアに使ったお金は七二〇億ドル。書籍の購入費の実に約三倍です。その内訳は、スポーツウェア（ランニングシューズなど）やスポーツ器具（トレッドミルなど）、そして深夜のテレビ通販番組でおなじみのさまざまな運動グッズやマシン（二頭筋カールを三〇回おこなわないと音が鳴りやまないダンベル型の目覚まし時計もあります）などです。

グッズの目的は、運動を楽しく効果的なものにすることです。しかし、私たち消費者には、次々に投入される新製品の効果を正当に測る手段がありません。魔法のような謳い文句がたしかな証拠に裏づけられたものなのか、またはたんなる誇大広告なのかを見きわめるのは簡単ではありません。本章では、スポーツ関連商品について検討していくことにします。

Q トレッドミルと屋外ランニングとの違いは？

トレッドミルの上を走ることは、パン焼き機でパンを焼くことに似ています。本物志向の人は、機械任せではパン作りの真髄を味わえないといいます。一方、実用性を重んじる人は、パン焼き機は便利であり、味も手作りのものと大差ないといいます。同じようにトレッドミルにも、このマシンに批判的な人も認めざるをえない利点があります。屋内で使えるので快適な温度調整ができる、足場が良い、ペース調整が可能といった点です（テレビを見ながら走れるのも重要なポイントかもしれません）。

しかしこれらのメリットは、トレッドミルでのランニングが屋外でのランニングとまったく同じ筋肉を使う運動であることを意味しません。春先の屋外レースに向けて冬の間中トレッドミルでトレーニングをしている人にとっては、気になる点でしょう。

「これは決定的な答えのない、とても難しい問題です」とロンドンの足装具士（ペドーシストと呼ばれる、アスリート用のシューズや足の不自由な人向けの足底装具の専門家）のコリン・ドムブロスキ（オンタリオのファウラー・ケネディ・スポーツ・メディスン・クリニック所属）は述べています。

この問題は三〇年以上も研究がおこなわれており、大きく二つに意見が分かれています。トレッドミルは身体の中心を動かさず足を前後に動かしているだけなのでランニングとは根本的に別物だという意見と、トレッドミルが一定のスピードで動くものであるかぎり、空気抵抗がないことを除けば実際のランニングと実質的には同じであるという意見です。

この問題を解くため、バージニア大学は二〇〇八年に測定器具を備えた特殊なトレッドミルと高速カメラを使ってランナーの関節の動きと衝撃を調べました（『メディスン・アンド・サイエンス・イン・スポーツ・アンド・エクササイズ』に掲載）。その結果、膝の動く方向やピーク時の負荷などにおいて統計上に有意な違いがあることがわかりましたが、全体としてはトレッドミルの生体力学は屋外ランニングにかなり近いものであると結論づけられています。

ランニングコーチの多くも、経験から同様の結論を導いています。「両者には違いがありますが、とても小さなものです」と二五年以上にわたってオリンピック選手や市民ランナーを指導してきたトロントの長距離走コーチ、ピーター・ピムは述べています。彼は、トレッドミルに一パーセントの傾斜を設定し、空気抵抗のなさを補う工夫をしています。

ピムはトレッドミルの大きな長所として、着地面の柔らかさを挙げています。「膝への負荷が少ないため、関節に問題を抱えている人は、路上よりも多くのトレーニングが可能です」。しかし、それはトレッドミルの最大の弱点であるといえるかもしれません。冬の間中トレッドミルの上ばかり走っていると、屋外ランニングと同程度の負荷が筋肉にかからない場合があります。

ピムは、トレッドミルのみで練習していた人がいきなりロードレースに出場すると、レースの前半に筋肉の痛みや張りを感じることがあると述べています。足装具士のドムブロスキによれば、トレッドミルランナーがいきなり草地でのランニングやトレイルラン（舗装路以外の山野でのランニング）をした場合も同じです。平坦な着地面上のみを走るトレッドミルでは、起伏のある場所で姿勢を安定させるための筋肉を発達させにくいのです。

いずれにしても答えは単純。そう、バランスです。トレッドミルに過度に頼らないようにしましょう。天候条件のために何か月も屋内でしかトレーニングできないのなら、一〇キロレースに参加するときには、屋外を数回ランニングして身体を慣らすとよいでしょう。

ポイント

トレッドミルで屋外ランニングとほぼ同等の効果を得られるが、屋外の固い路面に慣れるには時間がかかるため、レース前に屋外ランニングで身体を慣らすことが大切。トレッドミルの傾斜を〇・五～一度に設定することで、風の抵抗と同等の負荷が得られる。

トレッドミルの傾斜と負荷の関係

トレッドミルには空気抵抗がないため、屋外を走る場合よりもわずかに負荷が少なくなります。1マイル(約1.6キロ)7分のペースで走る場合、トレッドミルに角度を1度つけると、屋外ランニングと同等のエネルギー負荷がかかります。1マイル9分以下のペースの場合は、0.5度の角度で屋外と同等の負荷が得られます。

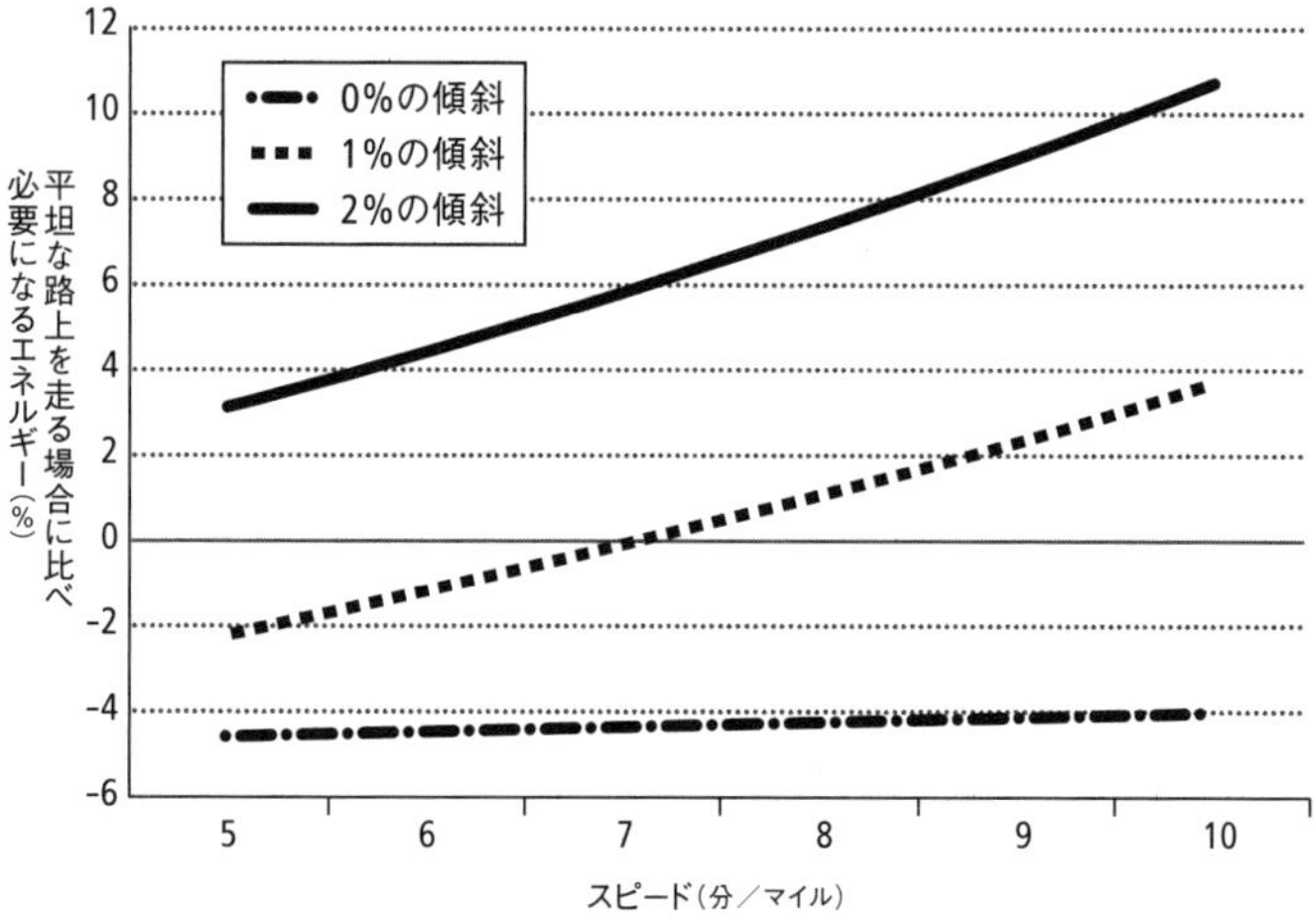

Q エリプティカルトレーナーはランニングと同じ効果がある？

米国スポーツ用品メーカー協会によれば、二〇〇七年にエリプティカルトレーナー（楕円軌道マシン）を使ったアメリカ人は二三〇〇万人以上で、二〇〇〇年から三倍も増加しています。カナダでも足に衝撃がかかりにくいこの擬似ジョギングマシンの人気が高まっています。しかしエリプティカルでどの程度の負荷の運動をおこなえるのか、本当にケガを低減できるのかについては、科学的には議論の余地を残しています。

この点について、二つの代表的な研究が二〇〇五年におこなわれています。一番目は、トレッドミルとエリプティカルを使って、被験者に「きつい」と感じるレベルで運動をさせたアメリカのスクラントン大学での研究です。その結果、被験者の心拍数とエネルギー消費量はトレッドミルのほうが大きくなりました。これは、被験者がトレッドミル上を走っているときに、無意識的に、より激しく運動したことを示唆しています。

一方、アイダホ大学の研究では、同一の心拍数になるようにエリプティカル、トレッドミル、エアロバイクで運動をさせた被験者が、エリプティカルを使っているときにもっとも楽だと感じていることがわかりました。その後も、この議論に決着をつけるような調査結果は出ておらず、トレッドミルとエリプティカルでの運動には、それほど大きな違いはないことを示唆しています。

アイルランドの研究では多くの人にとって気になる話題である、フィットネスと減量との関連について調査しています（『ジャーナル・オブ・スポーツ・メディスン・アンド・フィジカル・フィットネス』に掲載）。女性二四人を三つのグループに分け、エリプティカル、トレッドミル、階段の昇降運動による一二週間のフィットネスプログラムをおこなわせたところ、すべてのグループで同程度の心肺機能の向上と体脂肪率の減少が見られ、これらの運動のカロリー消費に大差はないことが示されました。

ただし、明確な違いもあります。ウエスタン・ワシントン大学のスポーツ科学者キャスリーン・クヌッツェンは、エリプティカルマシンのペダルに測定器（床反力計）を乗せて足にかかる負荷を測定しました。

その結果、被験者が足の動きを速くした場合でも、足にかかる負荷はウォーキングと同レベルで、ランニングの三分の一でした。「同じ動作を繰り返すことによって生じるRSI（反復運動過多損傷）などの症状を抱えている人にとっては、エリプティカルは大いに役立つでしょう」とクヌッツェンは述べています。

エリプティカルでは足の動きが制限されるため、ランニングのように自由に筋肉を動かせません。この違いは、バーベルを用いるフリーウエイトと自分の体重を用いる自重トレーニングとの違いに似ています。つまり、エリプティカルは過度のトレーニングでケガをしたランナーにとっては筋肉のわずかに異なる部分を用いてトレーニングができるという大きなメリットがあるものの、ランニングの完全な代用品にはならないということです。

エリプティカルではアームハンドルを用いた上半身運動も可能です。ただし研究によれば、多くの人はアームハンドルを主にバランスをとるために使っています。フロリダ州バリー大学の研究（コンスタンス・マイヤーら）は、基本的にアームハンドルはカロリー消費量や想定努力率（運動をしているという意識）を高めるものの、心拍数には大きな違いをもたらさないことを明らかにしました。ただし足と腕を同時に動かすことによって、運動を長時間継続しやすくなる効果があることもわかっています。

結論はこうなります。エリプティカルによる運動は大きなフィットネス効果があります。しかし、エクササイズでは日常的な身体の動きを意識することも大切です。限定されたエリプティカルでの動作は日常的なものとはいえないため、ウォーキングやランニング、サイクリングなどの運動と組み合わせるとよいでしょう。「毎日同じような動作ばかりをせず、さまざまな運動を組み合わせることが大切です」とクヌッツェンも述べています。

ポイント
エリプティカルマシンではランニングやサイクリングと同等の低いインパクトの有酸素運動をおこなえるが、「機能的な」筋肉を鍛えることには向いていない。

Q スポーツごとに専用のシューズを履くべきか?

一九八〇年代、バスケットボールのスーパースター、マイケル・ジョーダンと映画監督のスパイク・リーが登場するナイキのスポーツシューズ「エアジョーダン」のコマーシャルが流行しました。当時の子どもたちは、スパイク・リーが「秘密はシューズなんだろ!」と叫ぶ印象的なシーンを見て、シューズには魔法のような効果があるに違いないと考えたものでした。

シューズメーカーは数十年にわたり、スポーツシューズが足の動きに与える影響や膝への負荷について研究し、快適で耐久性と機能性に優れたシューズの開発に多額の投資をしてきました。その結果としてスポーツシューズは間違いなく長足の進歩を遂げました。しかし、スポーツシューズに本当に宣伝どおりの効果があるのでしょうか？

各種のスポーツにおいて専用シューズを履くことのもっとも明白なメリットは、摩擦が得られることです。芝の上でプレーするサッカーのようなスポーツでは、シューズの裏にあるスパイクがダッシュやストップ、方向変換にきわめて大きな効果をもたらしています。シューズの底面の摩擦は、ウエイトトレーニング時など、一般的には靴底の機能があまり意味をもたないと思われている局面でも効果を発揮します。二〇〇七年の研究では、よくグリップの利くシューズを履くことで、少ないエネルギーで重たいウエイトを持ちあげられることが明らかになっています。

テニスやバスケットボールのようなコートスポーツも、それぞれに固有の負荷が靴底にかかります。二〇〇八年の研究（『アメリカン・ジャーナル・オブ・スポーツ・メディスン』に掲載）では、ジャンプや急激な方向転換時に靴底にかかる圧力は、直線を走る場合の二倍であるとされています。コートシューズの構造では、こうした横の動きで生じる圧力が考慮されています。

一方、ランニングシューズは、かかとからつま先へと力を伝える構造になっています。ランニングシューズを履いてコートスポーツをすると、思うような動きができないのはこのためです。スポーツ用に一足だけシューズを買うのであれば、自分にとって一番重要な種目に合ったものを選ぶようにしましょう。

シューズがもたらすケガの予防効果についてはどうでしょう？　この点については、科学ではまだ明らかになっていないことが多くあります。たとえば、足首までの位置を保護する「ハイトップ」と呼ばれるバスケットボールシューズでさえも、足首のケガの予防効果は完全には証明されていないのです。

ハイトップシューズが足首を安定させ、その可動域を制限する点については多くの証拠があります。しかし二〇〇八年の調査（証憑《しょうひょう》ベースの医療調査をおこなう非営利の独立研究機構コクラン共同計画が実施）では、バスケットボールシューズの種類とケガの発生率の間には明確な関連性は見出されませんでした。

この問題はランニングシューズでも論争の的になっています。バスケットボールシューズと同じように、ランニングシューズが着地時に身体に伝わる衝撃をどのように変化させるかについても数多くの研究がおこなわれています。しかし、どのような種類のランニングシューズがケガの発生率を低下させるか（あるいは増加させるか）については、まだはっきりとした答えは出ていません。

バンクーバーのアラン・マクギャビン・スポーツ医学センターの研究者たちは、毎年六万人が参加する一〇キロレース「バンクーバー・サン・ラン」のトレーニングクリニックを通じて、過去二〇年にわたる、数千人の市民ランナーのトレーニング内容を調査してきました。

二〇一〇年のバンクーバー冬季オリンピックで医療担当チーフを務めた同研究の筆頭著者ジャック・タウントンはこう述べています。「ランナーのケガは一定の割合で生じていますが、ここ数年のシューズの進歩により、シューズが主因のケガの割合は低下していま す」。タウントンは、男性はシューズを使用しはじめて四か月以上、女性は六か月以上経過すると、ケガが増加することを明らかにしています。一般的に男性のほうが体重が重く、シューズを早く消耗させることが原因だと考えられています。

また、二〇一〇年にタウントンが足の形にもとづいてランナーに各種のシューズ（「ニュートラル型」「安定型」「モーションコントロール型」など）を与え、一三週間にわたって追跡調査をしたところ、ケガの発生率に低減は見られませんでした。むしろ、重たい「モーションコントロール型」のシューズを処方されたランナーは、ランダムにシューズを割り当てられたランナーよりもケガの発生率が高まりました。

明確になりつつあるのは、各メーカーが売り込むさまざまなランニングシューズは、現在のところ大きな差を生み出していないということです。二〇〇九年のテキサス大学の研究（『ブリティッシュ・ジャーナル・オブ・スポーツ・メディスン』に掲載）によれば、約三二〇キロメートル以上使用されたランニングシューズで、「エア」「ゲル」「スプリング」式の各クッションがパフォーマンスに与える影響を調べたところ、これらのクッションの間に明確な違いは示されませんでした。

それでも、走るのであれば、どのタイプのランニングシューズであれ、テニスシューズやバスケットボールシューズよりもはるかに快適に走れることは間違いありません。ただし、最近は「裸足で走る」という選択肢も生まれはじめています。

ポイント

シューズを履くことでパフォーマンスは向上するが、どのタイプのシューズがケガを低減させるかについて明確な証拠は得られていない。

Q 裸足で走ることにどんなメリットがあるのか?

人は走るために生まれてきた――しかも裸足で。最近の「裸足ランニング」ブームは、二〇〇九年にベストセラーとなった書籍『BORN TO RUN 走るために生まれた』(クリストファー・マクドゥーガル著、近藤隆文訳、二〇一〇年、日本放送出版協会)や、長距離ランニングが人体の進化を形づくったというハーバード大学の人類学者ダニエル・リーバーマンの主張によってますます拍車がかかっています。

裸足ランニングや足裏を保護する機能しかもたない「ミニマリスト」シューズでのランニングの有効性についての生体力学的な研究が始まっており、実際にそれを裏づけるような結果も報告されています。ただし、これらの研究成果は注意深く受けとめる必要があります。

最新のランニングシューズがケガの増減に及ぼす影響については、まだはっきりとしていない点が多くあります。オーストラリアでスポーツシューズを研究しているクレイグ・リチャーズは、二〇〇九年の論文(『ブリティッシュ・ジャーナル・オブ・スポーツ・メディスン』に掲載)のなかで、最新のランニングシューズがケガを低減させるという明確な証拠は得られていないと述べています。

リチャーズは、シューズの研究者やメーカーが生体力学研究で得られた結果を誇張しているにすぎないと主張しています。メーカーのデータは、着地時に足にかかる衝撃をシューズが変化させることを示しているのみであり、それがどのようにケガの低減に結びついているかは不明確であるというのです。

二〇一〇年、リーバーマンは『ネイチャー』にアメリカ人とケニア人のランナーを比較した研究結果を発表しました。主な結論は二つ。まず、裸足のランナーは足裏の中央または前方で着地し、ランニングシューズを履いたランナーはかかとで着地する傾向があること。第二に、着地時に足にかかる垂直的なインパクトは、裸足よりもシューズのほうが約三倍大きいことです。

メディアはこの結果を見て、裸足がシューズよりも「良い」という証明だと騒ぎたてました。しかし、リチャーズはこの研究はケガの発生率との直接的な関係を調べていないために、有用性が低いと述べています。

また、二〇一〇年前半に大きな話題を呼んだ研究結果があります。バージニア大学のケイシー・ケリガンらは、ランニングシューズはハイヒールよりも足に悪いと主張したのです。ケリガンらの研究は、ランニングシューズは裸足よりも腰や膝関節に大きな捻《ねじ》りをもたらすことを明らかにし、このような結論を導きました。しかし、これは少しばかり強引な比較だと見るべきかもしれません。

過去一〇年、スポーツシューズは間違いなく大きな進化を遂げました。その結果、以前とは異なる意見が支持されるようになっています。たとえば、クッションにさまざまな高機能素材を使うことでケガの究極的な防止になるとはもう考えられていません。

「ランニングシューズメーカーは、『ゲル』や『エア』を喧伝するのをもうやめるべきだと思います」と、アシックス顧問を務めるオーストラリアのシューズ研究者、サイモン・バートルドは述べています。この意見が最近のシューズには反映されてきています。ナイキは裸足に近い感覚のベアボーンシューズ「フリー」を販売しはじめ、アシックスは「モーションコントロール」というコンセプトを声高に主張しなくなりました。

ただし、さまざまな体形や体格のランナーがすべて裸足ランでメリットを得られるという証拠はありません。それに、アシックスの顧問であるバートルドの主張は多少割り引いて聞くべきでしょう。裸足感覚のランニングシューズ「ファイブフィンガーズ」の販売元であるビブラムはリーバーマンの研究に出資していますし、ケリガンとリチャーズは、ミニマリストシューズを製造販売する会社の創設者なのですから。

もちろん最新の裸足ラン研究に価値がないわけではありません。それどころか、これらの研究はランニングのメカニズムについての貴重な知見を与えてくれるものであり、ケガに見舞われがちなランナーが裸足（または裸足に近いシューズ）を適切に用いることでメリットを得られるかもしれないことを示唆しています。裸足ランを試してみたい人は、まず週に二回、五分間ほど芝の上を走り、徐々に時間を増やしていくとよいでしょう。

ただし、はっきりさせておくべき点があります。それは、「裸足ランニングがケガのリスクを低減させるという説は、いまのところ証明されていない」ということです（裸足で走っているときに、突起物を踏みつけることで感じる「ネガティブな効果」は、言うまでもなく証明されているのですが）。

ポイント

裸足でのランニングでは、シューズを履いているときとは異なる足の動きや負荷が生じる。裸足ランとケガの低減を関連づける証拠はまだ得られていない。

Q コンプレッションウェアの効果は？

NBAのスター選手がヒジにつけているサポーターから、マラソンランナーがはいている膝下までの靴下まで、最近のエリートアスリートはコンプレッションウェアを多用しています。

コンプレッションウェアが普及しはじめたのは一九八〇年代。当時喧伝されたのは、冷却効果、吸汗性、着心地の良さ、保護効果などですが、対照的に最新のコンプレッションウェアが謳っているのは、腕や足を締めつけることで血流に影響を与え、同時に筋肉への震動を抑えて、持久力向上やパワーアップ、疲労回復に効果があるという点です。

コンプレッションウェアの起源は、血液凝固と循環障害の治療のために何十年にもわたって使用されてきた医療用のレギンスです。これは「段階的な」圧迫作用、つまり、心臓から遠く離れた部位である足を強く締めつけることで血液凝固を減らし、心臓に血液を戻す速度を上げるという考えにもとづいています。

圧迫がアスリートにもたらす明確なメリットには、不慣れな激しい運動をした場合に表れる「遅発性筋肉痛（DOMS）」と呼ばれる筋肉痛からの迅速な回復があります。患部である筋肉のまわりに圧迫帯を身につけることで、腫れを管理しやすくし、血流を向上させ、細胞からすみやかに疲労物質をとり除くと考えられています。

ただし、コンプレッションウェアが短距離走や垂直跳びなど瞬発系の動作のパフォーマンスを向上させるかどうかについては、意見の分かれるところです。コネチカット大学のウィリアム・クラーメルは、一九九六年の論文（当時はペンシルベニア州立大）で、コンプレッションソックスをはいたバレーボール選手が垂直跳びの記録を向上させたと述べ、その論拠として、コンプレッションウェアによって部位が安定し、不要な筋肉の震動が減ったという仮説を提示しています。

最近の研究では矛盾する結果が報告されているものの、この考えはバスケットボール選手がコンプレッションショートパンツを好んではく理由になっています。

コンプレッションウェアがランナーや自転車選手の持久力を向上させる理由として考えられるのは、「ふくらはぎの筋肉ポンプ」補助効果です。ふくらはぎの筋肉ポンプは、足を踏み出したりペダルをこいだりするたびに心臓に血液を送り返す動きをします。ふくらはぎを覆うコンプレッションソックスはこのポンプ機能を強化し、筋肉に効率よく酸素を送り込むと考えられています。

セントラルクイーンズランド大学のアーロン・スキャンランによると、コンプレッションソックスによるポンプ機能の向上効果が非常に高いと考えている研究者は多いようです。ただし、この持久力向上の効果については、不明瞭な点も存在しています。スキャンランはその理由を、さまざまな形や大きさのふくらはぎをもつ人に同じレベルの圧迫を与えるのが難しいためであると述べています。ランナーと自転車選手を対象としたいくつかの研究では、コンプレッションソックスによるタイムトライアルのパフォーマンスの向上や、筋酸素などの生理学的指標の変化が見出されていますが、同じ条件下での研究が必ずしも同等の結果を示すわけではありません。

二〇一〇年のインディアナ大学による研究（米国スポーツ医学会の年次総会で発表）は非常に興味深いものです。一六人の被験者にコンプレッションソックスを使用・不使用それぞれの場合で三つの速度で走らせたところ、ランニング効率の平均値やストライドのパターンには違いが出ませんでした。ただし、個々の結果には相違がありました。被験者の四人がランニング効率を著しく増加させ、別の四人は大きく低下させていたのです。

面白いのは、ランニング効率を向上させた被験者は、実験前のアンケートで、コンプレッションソックスをはくことでパフォーマンスを向上できると予想していたことです。「コンプレッションウェアの効果には、心理的な要素があるのかもしれません」と、この研究をおこなったアビゲイル・レイモンは推測しています。「コンプレッションウェアに良い印象をもち、身につけることが好きなのであれば、実際にパフォーマンスが上がる可能性があります。ただし、その効果は個人によってさまざまなのです」

ポイント

コンプレッションウェアが、激しい運動後の筋肉の回復を早めるという研究結果がある。ただしパワーや持久力の向上についてはまだ明らかになっていない点が多い。

ふくらはぎの「筋肉ポンプ」

一歩あるくごとに、ふくらはぎの筋肉は血液を絞るようにして心臓に送り返します。この際、ふくらはぎの上下に位置する一方向弁が、血液を正しい方向に移動させる働きをします。コンプレッションソックスによってこの絞りの作用は強まり、心臓に向かって血液が送り込まれやすくなります。スポーツ選手が長距離フライト時などにコンプレッションソックスをはくのは、血液が下肢に溜まってむくむことを防ぐためです。

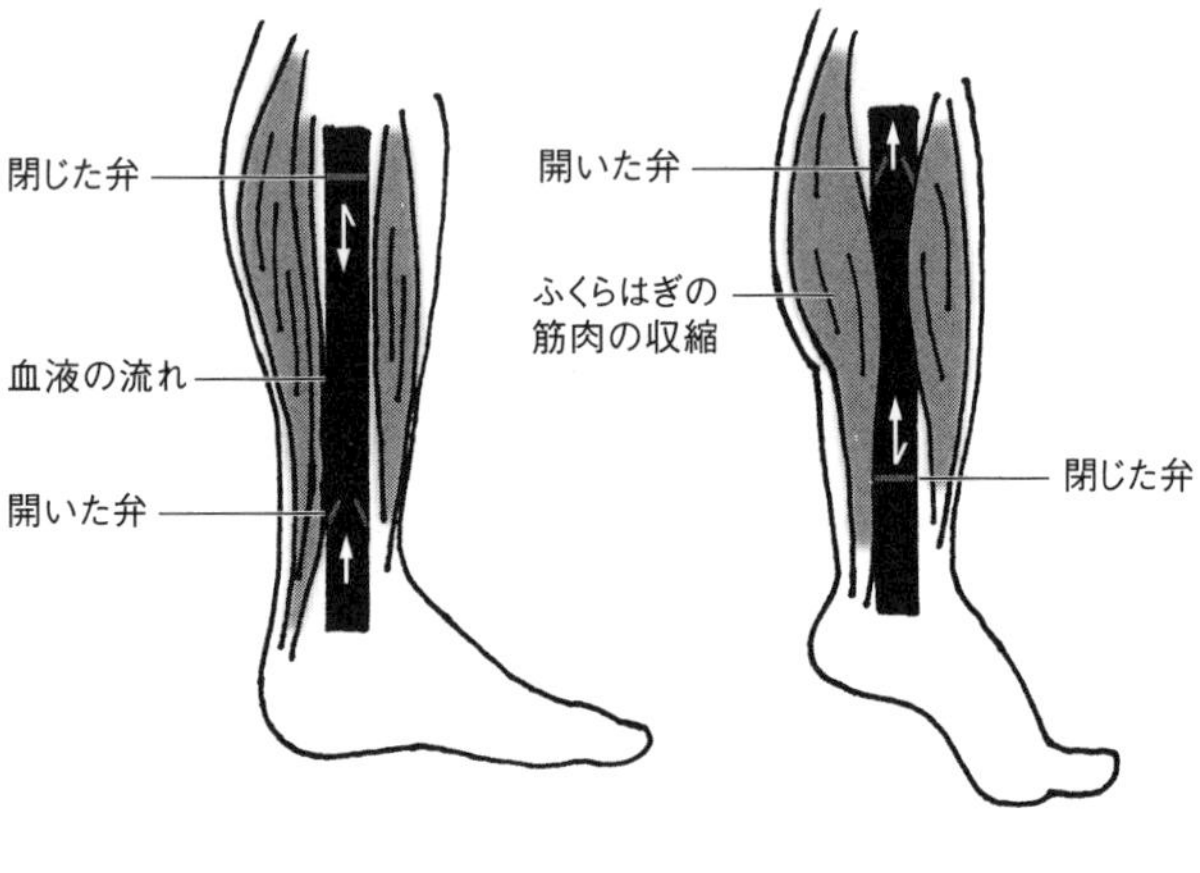

Q スポーツゲームは運動の代わりになるか？

二〇〇六年に任天堂のゲーム機Ｗｉｉが販売されて以来、スポーツゲームの運動効果についてさまざまな研究がおこなわれ、現在ではお堅い学術誌でも大きく取り上げられるようになっています。

運動とゲームを組み合わせた「エクサゲーミング」が、従来のテレビゲームよりも多くのカロリーを消費する点については、多くの研究者が合意しています。しかし、重要なポイントはそこではありません。問題は、スポーツゲームが健康の増進に十分なカロリー消費を可能にするものなのかどうかという点、ゲームをすることで子どもが表に出てスポーツを楽しみたいと思うようになるのか、それともたんにゲームのみで満足してしまうのかという点です。

スポーツゲームは、いくつかの点でスポーツと共通しています。たとえばケガです。二〇〇七年には、二九歳の男性がＷｉｉのテニスゲームをやりすぎて肩に炎症を起こすという「Ｗｉｉ炎症」の事例が報告されました（『ニューイングランド・ジャーナル・オブ・メディスン』に掲載）。他にも、近くにいた子どもが振り回していたコントローラーが頭部にぶつかり外傷を負った八歳の少女の例や、二〇一〇年には初となる「Ｗｉｉ骨折」（ＷｉｉＦｉｔのバランスボードから落ちて足を骨折した一四歳の女の子）の例が医学雑誌に報告されています。

フィットネスの向上についてはどうでしょう？　運動のエネルギー消費量の比較研究では、「代謝当量」（ＭＥＴ）という単位が用いられます。一ＭＥＴは、ソファの上で座っているときに消費するエネルギーです。同じ時間テニスをすると、平均で約八倍のエネルギー（八ＭＥＴ）を消費します。

二〇一〇年のオンタリオ州ウォータールー大学の学生五一人を対象にした研究（『アメリカン・ジャーナル・オブ・ヘルス・ビヘイビア』に掲載）では、従来型のテニスゲーム（任天堂ゲームキューブの「マリオパワーテニス」）のＭＥＴは一・二で、身体をまったく動かしていない状態とほとんど違いがありませんでした。一方、Ｗｉｉスポーツの「テニス」では、平均で五・四ＭＥＴのエネルギー消費が見られました。

これらの結果は、実際のスポーツと同じく、燃焼されるエネルギーはプレーの激しさによるという従来の研究結果を裏づけるものでした。たとえば、二〇〇七年におこなわれた、被験者一一人を対象にした研究では、ＷｉｉテニスのＭＥＴは二・五でした。

また、二〇〇九年の研究（『オベーシティ』に掲載）では、Ｗｉｉの「ダンスダンスレボリューション」や「ボーリング」のようなアクティブなゲームで消費するエネルギーは、軽めのウォーキングに相当するとされています。ゲームでも実際のスポーツと同程度とはいかないまでも、ある程度のエネルギー消費が可能なのです。

アクティブなゲームが子どもの健康を向上させるかどうかという重要な問題については、六〜一二週間というかなり短い期間で調査をおこなった三つの研究があるのみです。二〇〇九年におこなわれた研究（『ペディアトリック』に掲載）では、ゲームによるBMI（体格指数）などへの影響は見出されませんでした。ただし、こうした指数に変化が表れるためには、もっと長い期間の調査が必要だとされています。

北米の若者の四分の三は、週に一〇時間以上をゲームやパソコンに費やしており、その時間を生活のなかで不可欠な時間だと考えているという研究結果があります。この点から考えると、アクティブなゲームが、ゆっくりとした散歩レベルの運動の「擬似行為」であったとしても、まったく身体を動かさないよりはましだといえるでしょう。

前述のウォータールー大学での研究を率いたスコット・レザーデイルは、一日に一時間アクティブなゲームをすることで、男性は週に四八三カロリー、年換算で三・三キロ相当の脂肪を燃焼できると述べています。「基本的には、子どもにゲームをさせる場合は、なるべくアクティブなゲームをさせるべきです。ただしゲームが実際のスポーツの代わりになるのかどうかについては、現時点でははっきりとした答えは出ていません」とレザーデイルは述べています。

ポイント

アクティブなゲームは従来のゲームより多くのエネルギーを消費するが、運動量はゆっくりとした散歩と同じレベルである。

Q バランスボードやバランスボールの実際の効果は？

最近では、どこのジムにもさまざまな形の（そして驚くほど高価な）バランス器具が置いてあります。他の流行《はや》りの運動器具とは違い、実はこれらの器具はたしかな医学的研究をもとにして生まれたものです。バランスボードは、何十年も前から足首の捻挫のリハビリに用いられてきました。

いま、バランストレーニング（専用器具を使わないヨガなどを含む）は、ケガの予防や姿勢の矯正に役立つ無数の小さな「スタビライザー」筋肉を強化するとして推奨されています。ダッシュや素早い方向転換が多く求められるコートスポーツでは、そのメリットは明確です。ただし、それ以外のスポーツをする人にとっての効果については、まだ不明な点もあります。

カルガリー大学（理学療法士キャロリン・エメリーら）が、高校のバスケットボール選手と体育受講学生一〇〇〇人以上を対象に、バランスボードを用いたトレーニングの効果を調査したところ、どちらのグループもケガの発生率が低下したことがわかりました。たとえば、バスケットボール選手でバランストレーニングをしたグループの足首のケガの発生率は、しないグループよりも三六パーセントも低いものでした。

効果に批判的な意見もあります。その根拠となっているのは、バランストレーニングとケガの発生率増加の関連性を示す二つの研究結果です。その一つ、スウェーデンのサッカー選手二二一人を対象にした二〇〇〇年の研究で、膝の靭帯をケガした人がバランストレーニングをしたグループでは四人いたのに対し、しないグループでは一人だけでした。ただし、この実験は結論を導くにはあまりにも母数が少ないといえます。

もう一つは、オランダとノルウェーのバレーボール選手を対象にした二〇〇四年の研究で、膝に問題を抱えている選手のケガの再発率が、バランストレーニングによって増加するという結果が出ました。

　オーストラリア、ビクトリア大学の研究者コン・リスモリスは、二〇〇七年の論文（『スポーツ・メディスン』に掲載）で、「これらの結果は意外なものであり、注意深く検討すべきである」と述べています。モリスは、各種のスポーツを対象にしたバランストレーニングに関する二一件の研究を調査し、他の研究ではバランスボードの使用中に被験者に単純な運動のみをおこなわせたのに対し、二つの否定的な結果が出た研究では、ボールを投げる、受けとめるなどの動作をおこなわせている点を指摘しています。

　リスモリスは、調査対象の二一件の研究はバランストレーニングのポジティブな効果を裏づけるものだと述べています。これらの研究は、バランストレーニングが、ジャンプや敏捷性などの他の「神経筋」のトレーニングと同様、サッカー、バスケットボール、バレーボールなどのスポーツでケガのリスクを減らせることを示しています。また、単純なバランスの訓練によって、年配者が転倒するリスクを減らせるという証拠も示されています。

　ただし、すべての運動を不安定な板やボールの上でおこなうべきというわけではありません。たとえば、バランスボールの上でベンチプレスをすると、安定した状態では持ちあげられる重量を持ちあげられず、効果的な筋力の向上も見込めません。

コネチカット大学のサッカー選手を対象にした二〇〇七年の研究では、不安定な表面でばかりトレーニングしていると「安定性を得るためには、機動性や筋力を犠牲にしなければならないと考えるアスリートをつくりだす可能性がある」と結論づけています。

最近の研究（『ジャーナル・オブ・ストレングス・アンド・コンディショニング・リサーチ』に掲載）で、フリーウエイトトレーニングの経験が豊富な被験者に不安定な表面（「ボスボール」や「ダイナ・ディスク」などのバランス器具）で運動をさせたところ、安定した表面での場合と同程度しか筋肉が刺激されないという結果が出ました。この研究者は、これはフリーウエイトトレーニングが「スタビライザー」筋肉を向上させるのに十分な効果をもたらしているためだと考えています。

結論として導かれるのは、おなじみの答え――そう、節度やバランスです。バランストレーニングは膝下のケガ予防や、年配者の転倒防止に役立ちます。しかし、バランスボールの上でばかりトレーニングしていると、他のトレーニングがもたらすメリットを逃してしまうことになりかねないのです。

ポイント
バランストレーニングは足首や膝のケガの再発防止にきわめて効果的だが、全体的なト

レーニング効果を高めるためには、安定面でのトレーニングと併用すべきである。

Q マウスピース着用でパワーやスピード、柔軟性が向上するか？

ＮＢＡのスーパースター、マイケル・ジョーダンにはマウスピースは不要です。「ジョーダンがダンクシュートを決めるときに注目すればよくわかります。彼は舌を突き出しているのです」と、カナダ・ノバスコシア州の歯科医アニール・マッカーが述べています。マッカーが開発した「マッカー・ピュア・パワー・マウスピース」は、いまではさまざまなスポーツのプロアスリートにとって不可欠のアイテムです。

多くの人はここぞという場面で強く歯を食いしばろうとしますが、ジョーダンのように運動中に舌を突き出すと、必然的にあごが下がり、顔の筋肉を弛緩させられます。マッカーは、マウスピースをつけることで、あごや顔の筋肉をリラックスさせることができると主張しているのです。

ＮＢＡのシャキール・オニールからＮＦＬのテレル・オーエンスに至るスター選手の多

くも、マッカーが開発した二〇〇〇ドルもするマウスピース（初心者向けのモデルでも六〇〇ドル）によってパフォーマンスが向上すると公言しています。そのライバル、ボルティモア州のアンダーアーマー社が製造するマウスピースは、二〇一〇年の冬季オリンピックの選手や、アレキサンダー・オベチキンをはじめとする約一〇〇〇人のNHL（ナショナルホッケー・リーグ）の選手に愛用されています。

ただし、こうした高価なマウスピースを購入する前には、メーカーの宣伝内容の根拠である研究結果を吟味すべきです。これらの宣伝は、必ずしも確固とした科学的な裏づけがあるものばかりではないからです。

古代ギリシャのアスリートやローマの戦士が革ひもを噛んで競技や闘いに臨んでいたことからもわかるように、あごの位置が身体の他の部分に影響を与えるという考え方は古くから存在しています。麻酔のなかった南北戦争時代、アメリカの兵士たちは手術中の痛みを堪えるために弾丸を噛みしめました。最近では、短距離走者の多くが顔の筋肉をリラックスさせることを意識しながら走っています。映像がスローモーションで再生されるとき、全力疾走中の短距離走者の頬が大きく揺れているのを見たことがある人も多いでしょう。

しかし、それがどういうメカニズムでパフォーマンスの向上につながるのかはまだ不確定で、さまざまな理論で説明が試みられているのが現状です。いずれにしても、マッカーアスレチックス社はマウスピースによって姿勢、柔軟性、バランス、パワーが向上すると主張し、ユーザーからは持久力や回復力が向上したという声もあがっています。アンダーアーマー社は、反応時間が速くなるという点もつけ加えています。

これらの主張の根拠を見出すために、マッカーはラトガース大学での研究に出資しました。研究者のショーン・アーレントによっておこなわれたテストで、マウスガードを使う接触型スポーツの選手（大学生、プロ）二二人を対象にした「二重盲検法」（被験者だけはなく実験者にも実験の性質をわからないようにしておこなう方法）での調査です。すべての被験者は、標準的なマウスガードと、マッカーによって最適に調整されたマウスピースを用いて運動テストをおこないました。

その結果、垂直跳び、三〇秒間のサイクリングでの最大パワー、一〇秒間の全力サイクリングでの最大および平均パワーで、わずかにマッカーのマウスピースをつけた選手のパフォーマンスが向上することがわかりました。違いが見られなかったのは、体重と同じ重さのバーベルを用いたベンチプレスの回数のみでした。一方、アンダーアーマー社が公開している研究結果は、マーカーよりもやや説得力を欠くものです。

これらの結果は、マウスピースの効果について確固とした結論を出すには時期尚早だということを示唆しています。ただし、あごの位置と身体のパフォーマンスには一定の関連性があることを示唆する証拠は数多く見つかります。アーレントは「今後、マウスピースの効果が科学的に証明され、一部のスポーツで大きな意味をもつものになると確信している」と述べています。

ポイント

フィット感の高い特製のマウスピースは、あごをリラックスさせることでパフォーマンスを数パーセント向上させるという研究報告があるが、明確な結論は出ていない。

第3章 トレーニングの生理学

一九五四年に神経科医のロジャー・バニスター卿が人類ではじめて一マイル（約一・六キロ）四分の壁を破ったことは、スポーツ史のなかでも、もっとも偉大な記録の一つとして讃えられています。バニスターは「人体は、生理学者の数世紀先を行っている」という名言を残しています。

今日の科学者は、次々と登場する新たな道具や技法を用いて研究をおこなえるようになり、トレーニングや食事におけるわずかな変化が健康やパフォーマンスに与える影響について、細胞レベルで観察できるようになりました。しかし科学は依然として、コーチやアスリートが試行錯誤を通して得た知見のごく一部を実証するのみで、フィットネスを根本から変えうる革新的なアプローチを生み出すには至っていません。

それでも、科学は身体が運動にどのように反応するのかや、そこから生じるさまざまな身体感覚が何を意味するのか理解するのに役立ちます。いま、スポーツ科学で大きな注目を集めているのは、疲労の原因は何かという問題です。

以前、しきりに「悪者」扱いされていた乳酸への注目は薄れはじめ、精神面が持久力に限界を設けているという点についての研究がさかんにおこなわれるようになっています。また、運動中の脇腹の痛みや、その後の筋肉痛や痙攣《けいれん》などの厄介な現象の原因も解明されはじめています。これらを理解しておくことは、運動する人にとってとても重要だといえます。

Q 脳は疲労とどのような関係があるか?

一〇キロ走や自転車競技などに参加して、体力の限界に近い状態でゴールした瞬間を思い浮かべてください。息は切れ、心臓は脈打ち、足の感覚は鈍くなっています。身体は火照り、大量の汗が噴き出しています。まるで、身体の燃料がゼロになってしまったようです。こうしたさまざまな現象はすべて、疲労の感覚と結びついています。

では、あなたをこれ以上、速く、遠くに進めないようにしている真の「犯人」は何なのでしょうか？　科学者はこれまで数十年にわたって、この問いへの答えを探求してきました。しかし、ここ数年で勢いを増している急進的な理論に従えば、その答えは存在しません。なぜなら、問題の立て方が間違っているからです。

持久力の限界をテストする研究では、被験者がそれ以上走れなくなるまで（トレッドミルの上にいられなくなるまで）、少しずつトレッドミルのスピードを上げていきます。しかし、現実の競技ではそのような状況になることはありません。人間は完走することを目指しながら、たえず無意識に速度を調整して走っているからです。トレッドミル上で限界まで速く走る実験では、一〇キロレースを最大限のスピードで走ろうとするときに何が限界を設けているかはわからないのです。

見落とされているのは脳の役割です。南アフリカの研究者ティム・ノークは、運動の限界を規定するのは、足の痛みや心臓の鼓動、肺の収縮などではなく、「中央制御室」——すなわち脳であるという考えを主張しています。

脳は、体温、血液内の酸素量、筋肉信号などのデータを体中から集め、過去の経験にもとづいて、どれだけ長く運動を続けるべきかを総合的に判断するのです。脳は、心臓や他の器官に被害が生じる前に、どの程度、筋肉を動かしつづけるべきかを自動的に調節しているのです。

ただし、疲労が想像の産物であるというわけではありません。当然、身体には物理的な限界があります。しかし、この「中央制御室」理論に従えば、脳はほとんどの場合、身体が限界に到達する前に運動をやめさせようとしていることになります。

この現象をもっとも端的に表しているのが持久系スポーツのラストスパートです。これは、初心者でも世界記録保持者でも同じです。ほとんどの人は、それまでどれだけ辛く感じていたとしても、ゴールが目前に迫ってきたとたんにスピードを上げられるようになります。生理的には何の変化もないのに、フィニッシュラインが視界に入ったとたんに脳がスピードアップを許可するのです。

逆に、高温の室内で被験者にエアロバイクのペダルを限界値までこがせると、涼しい室内と比べ、はじめのひとこぎの段階からパフォーマンスは落ちます。被験者は脳の働きにより、無意識のうちに暑い室内での激しい運動を避けようとしているのです。

疲労の原因が「周辺機器」なのか「中央制御室」なのかということの議論は、現在の運動生理学で論争の的になっている最大のテーマの一つです。最終的な結論は出ていませんが、以前と比べて、脳が疲労に関して大きな役割を担っているという認識が一般的になりつつあることは確かです。

この脳の働きは無意識に進行するので、人は身体の限界を超えることを意識的には決められません——そして、それはおそらく良いことです。私たちにできることは、どの程度の運動なら危険を冒さずにおこなえるのかを、脳にゆっくりと教えていくことです。たとえば、レースと同じペースでトレーニングをすると、フィットネスが向上するだけではなく、脳はそのペースでの生理学的なフィードバックに慣れていきます。「中央制御室」のスイッチを切ることはできませんが、徐々にそれを調整していくことはできるのです。

ポイント

運動時に「限界」と感じる時点は、筋肉や心臓、肺の生理学的な限界ではなく、脳による潜在意識のプロセスであることを示す研究結果が増えている。

Q 筋肉疲労の原因は乳酸ではない？

従来、乳酸は運動における諸悪の根源だと考えられてきました。激しい運動をして「酸素負債（体内で必要な酸素の供給ができない状態）」になったとき、筋肉のエネルギーを枯渇させて動けなくするのも、次の日に筋肉痛になるのも、すべて乳酸のせいだと考えられてきたのです。少なくとも、運動生理学者は約一世紀にわたってそう信じてきました。

しかし、現在ではこの考えが誤りであることが明らかになっています。実は、乳酸は筋肉痛を生じさせる物質ではなく、筋肉にとって不可欠の燃料だったのです（「乳酸塩」と呼ばれるイオンは生体内にあまねく存在し、プロトンと結合して乳酸を形成します）。

乳酸神話の起源は、一九〇七年におこなわれた実験に遡ります。カエルを用いた実験で、血流を遮断して筋肉に酸素が供給されない状態にしたうえで筋肉に刺激を与えたところ、乳酸が生じました。次に酸素供給がある状態で同じ刺激を与えると、乳酸は消失しました。この実験から、酸素のない状態で筋肉を収縮させると乳酸が生産され、その蓄積によって筋肉疲労が生じるという仮説が導かれ、以来、生理学者は数十年にわたってこの仮説にもとづいて研究を続けてきたのです。

乳酸＝悪者という説にはじめて疑いの目を向けたのは、一九七〇年代、カリフォルニア大学バークレー校のジョージ・ブルックスによる実験です。ブルックスの意見が広く受け入れられるようになったのは、ここ一〇年以内の出来事です。

ブルックスは、乳酸が生産されるのは、酸素が不足したときだけではないことを明らかにしました。実は、細胞内にある炭水化物は休息中も乳酸に換えられているのです。この乳酸の約半分は、筋肉収縮の基本的な燃料となるATPにただちに変換されます。ATPに変換されて使用される乳酸の割合は、運動中には七五〜八〇パーセントに達します（酸素が不要なため）。残りは血流に入り、心臓へのエネルギー供給、または肝臓によってぶどう糖（筋肉を動かすための別のエネルギー源）に換えられます。

どの細胞が乳酸を生産し、消費しているのか、また身体がこのバランスをどう維持しているのかという問題は複雑であり、現在も活発に研究がおこなわれています。ただし、その実用性は明確です。持久力を鍛えているアスリートとトレーニングをしていない人は同程度の乳酸を生み出しますが、アスリートのほうがはるかに効率的にそれを燃料として使えることが明らかになっています。これが、アスリートの血液の乳酸レベルが急激に上昇しない理由です。

運動で、「乳酸性閾値《いきち》」をわずかに超えないようにすることを目標にするのは良い考えです。ただし、その目的は身体が速く乳酸を消費できるようにすることであり、乳酸によって筋肉が毒されることを避けることではありません。

乳酸が犯人ではないとしたら、筋肉に疲労をもたらしているものはいったい何なのでしょう? たとえばコロンビア大学の研究者は、筋肉の収縮力を低減させるカルシウムの漏出が原因であると報告しています。しかし、真犯人を明らかにするためには、まだ多くの謎が残っています。

現時点では、疲労をたった一つの要因に結びつけることには無理がありそうです。乳酸は価値の高い燃料ではあるものの、筋肉組織内に酸が増加することによって、筋収縮を妨げ、不快感を生じさせるという可能性は依然として残っています。ただし、運動後、一〜二日後に突然生じる筋肉痛を、乳酸の責任にする理由はありません。なぜなら、激しい運動の一時間以内には、血中の乳酸値は標準レベルに戻るからです。

ポイント

乳酸は「筋肉に痛みを感じさせる老廃物」ではなく、筋肉にエネルギーを供給する有用な燃料である。

Q VO$_2$MAX（最大酸素摂取量）とは？

ツール・ド・フランスのような持久力の極限を競うビッグイベントがニュースを賑わすとき、しばしば耳にするのがVO$_2$MAX（最大酸素摂取量）という用語です。これは文字どおり、運動中に筋肉に取り入れられる酸素の最大量を意味します。身体は、酸素を多く処理できるほど速く前に進めます。アスリートの多くは、自分のVO$_2$MAX（最大酸素摂取量）を調べるために、一〇〇〜一五〇ドル程度の費用を支払って、大学や実験室でテストを受けています。

VO$_2$MAXは、トレッドミルやエアロバイクを用いて測定します。ゆっくりとしたペースで始めて徐々に加速し、一〇〜一二分間、被験者が限界を感じるまでスピードを上げます。酸素量は口にとりつけたチューブで測定し、通常は被験者が限界に達して停止する直前に最大値に到達します。これ以上スピードを上げられないと感じる時点が、VO$_2$MAXに到達したことの目安です。

VO$_2$MAXのメカニズムについては、心臓が酸素の豊富な血液を筋肉へ送り出すスピードの限界点だという意見や、筋肉それ自体の限界であるという意見など諸説あります。

最近の理論では、この限界値は生理学的なものというよりも、脳が身体を保護するために無意識に発する命令にもとづくという考えもあります。

当然ながら、一流の持久系アスリートのVO2MAX値は、市民ランナーやアマチュアサイクリストよりも高い傾向にあります。ただし、その理由は一般的に考えられているものとは違います。よくある誤解は、一流選手は心臓の鼓動が速いので、多くの酸素を体内に送り込めるというものです。ところが、実際にはトップアスリートの最大心拍数は一般人よりも低いのです。

アスリートの心臓は大きく、柔軟であるために、一度の鼓動で多くの血液を送り込めます。アスリートの心臓が送り出せる血液量（心拍出量）は、安静時に毎分五リットル、運動中には最大で毎分三〇リットル以上にもなり、これは運動習慣のない人の約二倍です（記録されている最大の心拍出量は、オリエンテーリング競技の有名選手のもので、毎分四二・三リットルです）。

個人間にVO2MAXの差がある理由は、遺伝的なものや、ハードなトレーニングによって得られたものと考えられています。一般的な成人男性のVO2MAX値、正確には体重一キログラム当たりに一分間で取り入れられる酸素量（ミリリットル／分／キログラム）は三〇～四〇ミリリットルで、成人女性は二五～三五ミリリットルムです。

テキサス大学の運動生理学者エドワード・コイルによれば、史上最高の自転車のプロロードレース選手と呼ばれるランス・アームストロングは、前人未踏のツール・ド・フランス七連覇を成し遂げていた全盛期には、少なくとも八五ミリリットルのVO_2MAXがあったとされています。

「ランスが競技を完全にやめてカウチポテト族になったとしても、彼のVO_2MAXが六〇以下に下がることはないでしょう。また、標準的な大学生が激しいトレーニングを数年間続けても、VO_2MAXを六〇以上にするのはきわめて難しいことです」とコイルは述べています。

ただし、アームストロングの華々しい活躍は、VO_2MAX値の高さのみでは説明できません。彼のライバル選手の多くも、同程度の優れたVO_2MAX値を誇っています。コイルは、アームストロングの成功は、他の選手と比べ、同じ酸素のエネルギーを約八パーセントも効率よく自転車の推進力に変えられる能力にあったと考えています（ただし、このコイルの説に対しては異論もあります）。

研究者の間で意見が一致しているのは、実験室でのさまざまな測定結果を組み合わせたところで、誰がレースに勝つかを予測することはきわめて困難であるということです（これは、スポーツファンにとっても良いニュースに違いありません）。

ということは、VO_2MAXの測定には、たんに好奇心を満たすこと以外の意味はないのでしょうか？　そんなことはありません。たとえば、定点観測的に自分の値を知ることで、練習の成果や身体的な向上を把握できます。ただし、それはレースに出場することで自分の記録や調子を確認するのと同じようなものです。専門家は、スポーツを楽しむ一般人にとっては、乳酸性閾値《いきち》（次項参照）のテストのほうが有用なトレーニング指標になるとして推薦しています。

ポイント

VO_2MAX（最大酸素摂取量）は、運動の最中に筋肉に供給できる最大の酸素量を表す。有酸素運動のフィットネスの一つの基準になるが、同等の能力を有するアスリートの間でも大きく異なる場合がある。

VO_2MAX（最大酸素摂取量）と乳酸性閾値

測定テストは通常、エアロバイクやトレッドミルを用いておこないます。ゆるやかなペースで始め、しだいに速度を上げていきます。口元にとりつけたチューブで、呼気と吸気を測定します。

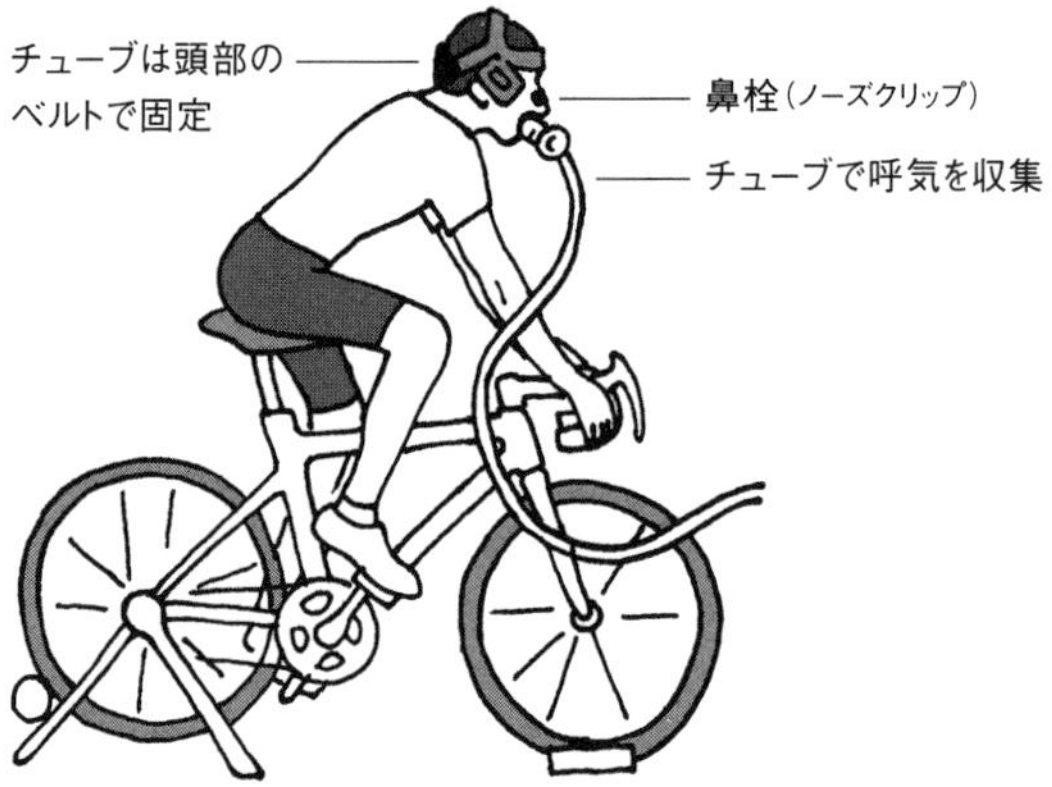

乳酸性閾値とVO_2MAXを心拍数から判断することで、トレーニングの強度を適切に調整できるようになります。

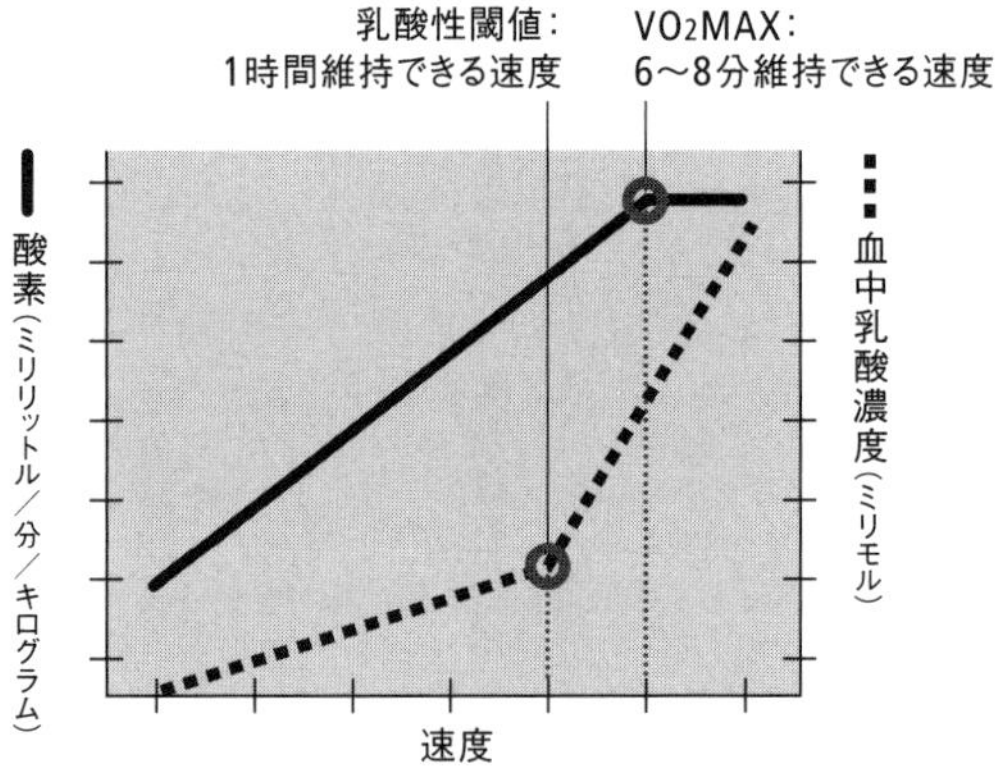

あなたのVO2MAXはどのくらい？

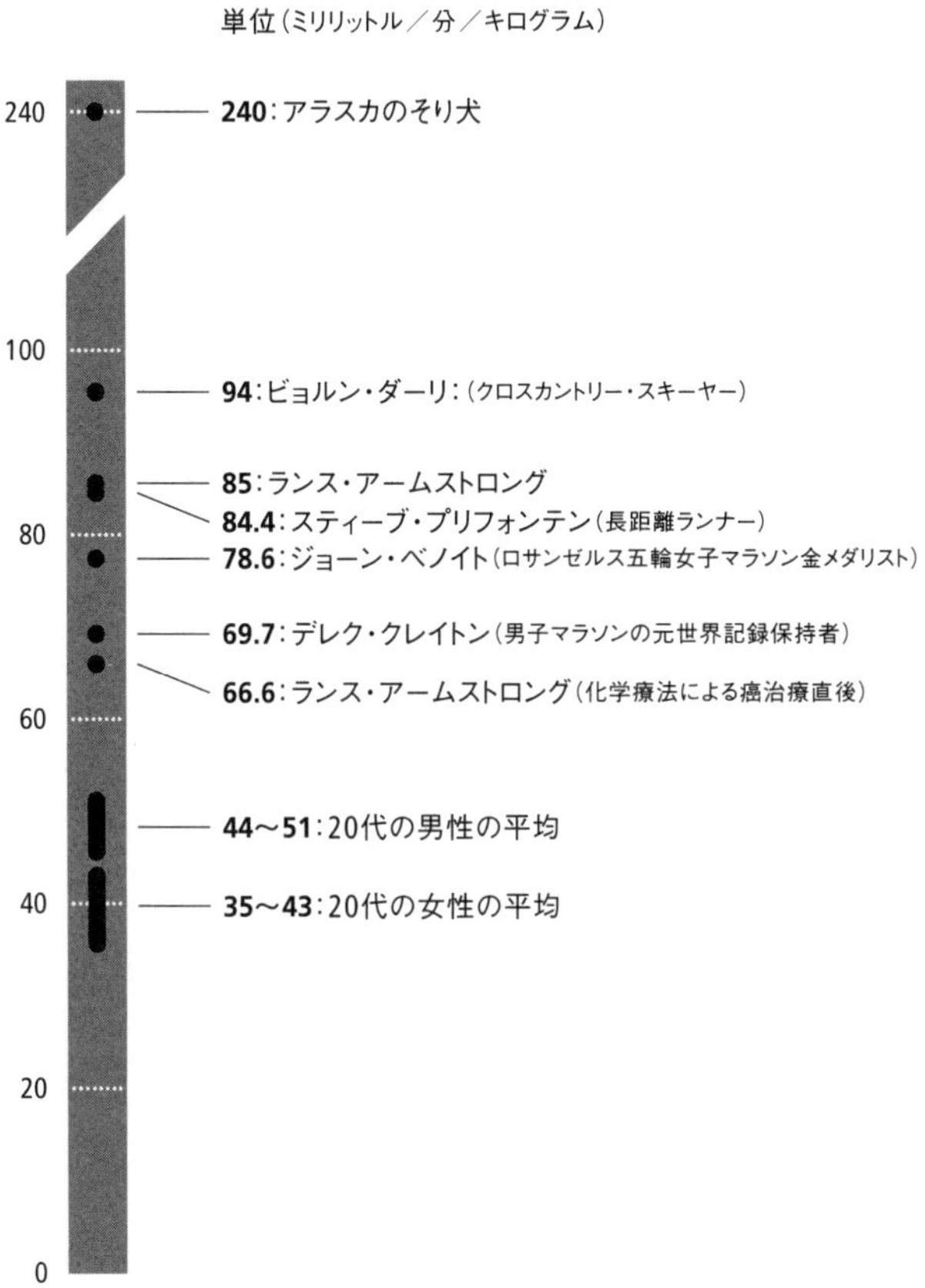
単位（ミリリットル／分／キログラム）
240
100
80
60
40
20
0
240：アラスカのそり犬
94：ビョルン・ダーリ：（クロスカントリー・スキーヤー）
85：ランス・アームストロング
84.4：スティーブ・プリフォンテン（長距離ランナー）
78.6：ジョーン・ベノイト（ロサンゼルス五輪女子マラソン金メダリスト）
69.7：デレク・クレイトン（男子マラソンの元世界記録保持者）
66.6：ランス・アームストロング（化学療法による癌治療直後）
44〜51：20代の男性の平均
35〜43：20代の女性の平均

Q 乳酸性閾値とは何か？

乳酸性閾値の定義とその生理学的なメカニズムについては、まだ科学者の間で議論が続いています。ただし、基本的な考え方はいたって単純です。ゆっくりとしたペースでランニングやサイクリングをしているとき、体調に問題がなければ、何時間でも継続できると感じます。しかし、徐々にペースを上げていくと、どこかの段階で速度を落とすか止まらざるをえなくなります。このプロセスのどこかに、長くは継続できない状態でエネルギーが燃焼しはじめるポイントがあります。それは、乳酸が血液中に蓄積する比率が劇的に増加するポイントです。乳酸性閾値とは、このポイントを指します。

一般的に、この乳酸性閾値は約一時間持続できるペース、および他の生理学的な変化、たとえば、呼吸が激しくなる変化点と対応しています。このため、乳酸性閾値を知るための目安として「トークテスト」が用いられることもあります。

この閾値に到達するペースは、レースでのパフォーマンスやトレーニング内容を判断するうえで効果的な指標になります。アスリートの多くは、定期的に乳酸性閾値を測定し、トレーニング成果の判断や練習計画の検討に用いています。

長い間、科学の世界では、乳酸は痛みや疲労の原因となる有害な老廃物だと信じられてきました。しかし、これは相関関係と因果関係との混同から導かれた、誤った結論でした。筋肉が「酸素負債（運動に見合う十分な酸素が供給されないため、非効率的なエネルギー燃焼が必要になるとき）」の状態になると、乳酸が多く生産されます。

しかし、実際は乳酸は老廃物ではなく、燃料と呼ぶべきものなのです。ただし、血液の乳酸レベルが上昇する地点を、好気的代謝（筋肉に十分な酸素が供給されている状態）から嫌気的代謝（酸素が不足しているために、そのペースでの運動をいつまでも続けられない状態）への移行地点を把握するための目安として利用できます。

乳酸性閾値テストは、VO_2MAX（最大酸素摂取量）と同じく、トレッドミルやエアロバイクを徐々に加速させながら測定します。全体で二〇～六〇分間、五分ごとにペースを切り替えておこない、各ステージの最後に指先や耳たぶから少量の血液を採血します。乳酸の絶対値はそれほど重要ではありません。測定方法や、測定前の食事の内容によっても変化するためです。重要なのは、乳酸レベルが劇的に増加しはじめる地点の、運動速度（および心拍数）です。これが乳酸性閾値です。

二〇〇九年、『スポーツ・メディスン』誌に、ランニング、サイクリング、競歩、ボート競技を対象とした、乳酸性閾値とレースでのパフォーマンスの相関をテーマにした三二件の研究についてのレビューが掲載されました。

その結果、乳酸性閾値は、パフォーマンスの予測因子として、VO_2MAXよりもはるかに優れているものだということがわかりました（八〇〇メートル走からフルマラソンの距離のランニングでは、パフォーマンスの五五〜八五パーセントが乳酸性閾値で説明できるものでした）。

また、乳酸性閾値はVO_2MAXよりもトレーニングによって敏感に変化するため、練習の成果を判断するための理想的な指標になります。トロントの持久系トレーニングコーチ、アダム・ジョンストンは、自らが指導する自転車プログラムで、選手に四か月ごとに乳酸テストを受けさせています。「定期的にトレーニングの成果を確認できることは、アスリートの励みになります。また値に大きな変化がなければ、トレーニングの有効性が低いことがわかるため、それに応じて練習メニューを変更できます」とジョンストンは述べています。

トレーニングの成果を測る方法は、ストップウォッチを用いるような簡単なものをはじめとして、他にもたくさんありますが、客観的データや最新技術が好きな人は（ランス・アームストロングと自分を比べてみたい人も）、乳酸性閾値を調べてみてもよいでしょう。しかし、「乳酸性閾値の測定が必要なのはエリートアスリートのみだという誤解があります。しかし、この値は、健康増進を望む一般人や、目標に向かって練習に励む多くの人にとって有益なのです」とジョンストンは述べています。

ポイント
乳酸性閾値とは血液中で乳酸が急速に蓄積しはじめる時点（有酸素運動ではなくなる時点）を示し、トレーニングの成果を見るための指標として用いられている。

Q 筋肉が痙攣するメカニズムは？

二〇一〇年、ブリガムヤング大学が奇妙な研究結果を報告しました。六〇ミリリットルのピクルスジュースを飲むと、筋肉の痙攣《けいれん》が四五パーセント早く、平均で約八五秒以内に収まる効果があるというのです。すぐに収まるというわけではない点（八五秒というのは痛みを感じ続けるには十分長い時間です）が面白いところですが、気になるのはそのメカニズムです。

長い間、痙攣の原因は、汗によって脱水状態になったり、塩分とともに電解質が失われることによるものだとされてきました。しかし、ごく少量のピクルスジュースは、全身に水分を補給したり、電解質レベルを正常にするためには不十分です。そもそも、ジュースが小腸によって吸収されるよりも前に、痙攣を低減する効果は生じているのです。

最近、痙攣は疲労、筋損傷、遺伝などのいくつかの要因から生じる「神経筋制御の変化」と関係する現象であるという仮説に注目が集まっています。新しい理論は、痙攣を迅速に抑える方法は提供しないものの、適切なトレーニングとペースを維持することで、発生率を抑えられることを示唆しています。

痙攣については一世紀以上も前に、高温で湿度の高い環境下に置かれている鉱夫や汽船労働者を対象にした研究がおこなわれました。これらの観察結果から、汗で失われた水分と塩分を補給することで痙攣を抑えられるという説が普及しましたが、その効果を実際に証明した比較対照実験はこれまでにありません。

トライアスロンの選手を対象にしたケープタウン大学の研究でも、痙攣しがちな選手とそうでない選手の水分と電解質のレベルが、レース前後でほとんど違いがないことが明らかになっています。ブリガムヤング大学の別の研究では、被験者に運動によって体重の三パーセントに相当する汗をかかせたところ、電気刺激による痙攣の発生には違いがありませんでした。

神経筋が痙攣の原因だとする理論は、一九九七年にケープタウン大学の運動生理学者マーティン・シュルナスによって、はじめて提案されました。それは、痙攣するのはもっとも激しく使用されている筋肉であることが多いというような、単純な観察結果にもとづくものでした。

シュルナスは「もしそれが脱水症のような全身性の問題ならば、なぜ全身が痙攣を起こさないのか？」と疑問を呈しています。さらに、運動競技の会場で手当をおこなっているスポーツ医は、痙攣を和らげる最良の方法は、患部を伸ばすことであると知っています。これも、痙攣が全身性ではなく局所性の問題であることを示すヒントになっています。

筋肉は、神経系によって運ばれる二種類の反射信号のバランスをデリケートに保っています。収縮を誘発する興奮性入力と、弛緩を誘発する抑制性入力です。シュルナスは、運動に関連するいくつかの要因が、興奮性入力を増やし、抑制性入力を減らすことで、このバランスが崩されると考えています。これが起きると、筋肉は過敏になり、このアンバランスが続くと、筋肉は痙攣するというのです。

このバランスに影響を与えて筋肉を過敏にさせる要因には疲労や筋繊維の破損があり、もっとも酷使している筋肉で痙攣が生じやすいことの説明にもなります。マウス実験では、ピクルスジュースに含まれる酢が、これらの反射信号を変えうることが示唆されています。また、痙攣が遺伝と関係があることを示唆する研究結果もあります。逆に、筋肉を伸ばすことは抑制性の反射を誘発し、多少の痛みはともなうものの、痙攣を終わらせるための効果的な方法だと考えられます。

興味深いことに、トライアスリートを対象にしたシュルナスの研究では、痙攣を起こした人は、起こさなかった人よりも、レース前に高い目標を設定し、自己ベストに対して相対的に速いペースでレースを進めていたことが明らかになっています。同じくシュルナスの研究（本書執筆時点では正式には未発表）は、痙攣を起こした人がレース直前の週にハードな練習をおこない、筋肉損傷と関係する酵素の血中濃度を高めていた傾向があることに気づきました。

十分にトレーニングし、現実的なゴールを設定し、レース前にしっかりと休養をとることで、痙攣を完全に防ぐことはできないにしても、その発生のリスクを減らせます。ただし、まだ科学は痙攣のメカニズムを完全には解明できていません。電解質に富んだバナナを運動の前に食べることが痙攣の防止に効果があると感じているのなら、それを続けてもよいでしょう。まだピクルスジュースを飲んだことがない人は、一度試してみてもよいかもしれません。

ポイント
痙攣は従来、発汗による電解質の損失が原因だと考えられていたが、最近の研究は、筋肉の疲労に関連する神経の反射作用のバランスが失われることが原因であることを示唆している。

Q 一日のうちで、もっとも運動のパフォーマンスが高まるのはいつ？

二〇〇八年の北京オリンピックでは、体操と水泳競技の決勝の時間帯を、アメリカのテレビで生中継できるように従来の夕方から早朝に変更し、大きな論争の的になりました。朝の三時に一五〇〇メートルを全力疾走したり、最大重量でベンチプレスすることを想像すれば、多くのアスリートが憤慨した理由がわかるでしょう。

このような時間帯に、ふだんと同じようなパフォーマンスが発揮できないであろうことは、多くの人が経験的に理解できることです。睡眠と覚醒のリズムから考えて、時間帯によってパフォーマンスが異なることは簡単に理解できます。しかし、それだけですべてを説明できるものではありません。人間には体内時計があり、視床下部と呼ばれる脳の部分によって、体温、ホルモン分泌、睡眠、摂食のサイクルが約二四時間周期で管理されています。この結果、身体のさまざまな機能は、覚醒している時間帯を含め、一日を通じて微妙に変化しており、運動能力にも微妙な変化をもたらすのです。

フランスとチュニジアの研究で、被験者に一時間ごとにエアロバイクの全力疾走（ウィンゲートテストと呼ばれる）をおこなわせたところ、午後六時ごろがもっともパフォーマンスが高く、午前六時と比較して八〜一一パーセントも良い値が得られました。また、背筋、上腕筋、垂直跳び、水平跳び、無酸素パワーを調査した他の研究でも、午後六時前後の数時間がもっともパフォーマンスが高く、ランニング、水泳、フットボール、バドミントン、テニスなどのスポーツを対象にした研究でも、同様の結果が出ています。

スペインでの研究は、短距離走選手の就寝・起床時間と食事時間を約二時間、前後にずらすことで、パフォーマンスのピーク時間を約二時間前後にずらせることを明らかにしました。ただし、覚醒時間の長さとパフォーマンスとの関係や、食事や就寝時間の変更が体内時計を変化させ、結果的に体内に化学的な変化をもたらしているかどうかについては、はっきりとしたことはわかっていません。

多くの研究者は、一日の間に約一度の幅で推移する体温が、時間帯によるパフォーマンスの違いを生み出している主な要因であると考えています。中核体温（環境の温度に影響されない内臓などの深部体温）が上がることによって、筋肉が弛緩し、代謝反応や神経信号の伝達は速くなります。

グアドループ島での二〇一〇年の研究では、垂直跳び、スクワット、自転車スプリントのパフォーマンスが、午前七時～九時と、午後五時～七時の二つの時間帯で違いがないという結果が出ました。従来の研究とは異なる結果が出た理由として、グアドループ島の温暖で高湿度の気候が被験者の身体を温め、わずかな体温の変化によって生じる差を無効にしたのではないかと考えられます。

これらの結果は、早朝にスタートする一〇キロレースやフルマラソンの準備をしているランナーを不安にさせるかもしれません。しかし、レースの時間帯に合わせたトレーニングをすることで、その時間帯でのパフォーマンスを高められることもわかっています。

一九八九年のジョージア大学の研究では、早朝にトレーニングをさせた被験者が、早朝の閾値ペースでの自転車走で酸素効率に大きな向上があったことがわかりました。また、夕方にトレーニングをさせた別のグループでは、夕方のテストセッションでより大きなパフォーマンスの向上が見られました。

二〇〇七年のフィンランドの研究では、筋力トレーニングで類似した結果が示されました。また、早朝の運動が一日を通じたストレスホルモンのコルチゾールレベルを変動させ、早朝のパフォーマンスを高めていることも示されました。つまり、午前七時に最高の状態でレースに臨みたければ、できるだけ毎日同じ時間帯にトレーニングをすることが望ましいといえます。

ただし、こうした研究結果にかかわらず、運動にもっとも適した時間とは、その人の一日の過ごし方しだいだともいえます。睡眠、ストレス、疲労などの要因のほうが、体温のリズムがもたらすわずかな違いよりも大きいと考えられるためです。また、個人間の相違も斟酌《しんしゃく》すべきです。これらの研究のほとんどは、一般的な睡眠リズムをもつ被験者を対象にしており、極端な朝型、夜型の人は対象外にしています（たとえばＨＰＥＲ２遺伝子に変異があり、午後八時以降には起きていられないような人であれば、当然、ピークパフォーマンスは午後六時より前になるはずです）。

ポイント

多くの人にとって、身体上のパフォーマンスのピークは体温がもっとも高くなる午後六時前後。毎日、同じ時間帯に定期的にトレーニングすることで、その時間帯におけるパフォーマンスを向上させることができる。

第4章 有酸素運動

世の中には、たえず新たなエクササイズのブームがわき起こり、そして消えていきます。なかには、一九五〇年代に空前の人気を誇り、一九七〇年代後半に復活したトランポリンのように、思い出したようにブームが再発するものもあります。

ただし、いつの時代でもその基本は変わりません。あらゆるフィットネスプログラムでもっとも重要な要素は、持続的でリズミカルな運動であるということです。北米では、この運動は「エアロ」または「カーディオ」と呼ばれています（エアロは酸素を必要とすること、カーディオは心臓系および循環器系を強化することを意味します）。

「エアロビクス（有酸素運動）」は比較的新しい言葉で、一九六八年に空軍所属の研究者ケネス・クーパーが、『エアロビクス』というタイトルの書籍を出版してベストセラーになり、生みだされたものです。本来は有酸素運動効果のあるすべての運動を指します。カラフルなレオタードを身にまとう人々でいっぱいの、一九八〇年代風スポーツジムのクラスのみを指す用語ではないのです。

有酸素運動はさまざまな形で実践できます。慣れてくれば、屋内や屋外を問わず、ジムや通勤途中（あるいはトランポリンの上）など、どこでもおこなえるようになります。

Q 筋肉をつけるのが目的でも有酸素運動をおこなう必要があるか？

エアロバイクでどれほど激しくペダルをこいでも、目に見えて二頭筋が発達したり、投げるボールが速くなったりはしません。そのため、有酸素運動をないがしろにする人も少なからずいます。とくに、有酸素運動があまり好きでない人にはその傾向があります。しかし、これは健康面でもパフォーマンスを高める意味でも、好ましくはありません。

有酸素運動の能力の測定には、もっとも激しい運動をおこなっている際に筋肉に取り込むことができる酸素量（VO_2MAX）を基準として用いることがあります。ウォーキング、ランニング、サイクリング、ステップエアロビクス、水泳、ダンスなどにより、大きな筋肉群を継続的に動かすことで、この能力を向上させることができます。これらの運動は心肺系の機能を強化する運動であることから「カーディオエクササイズ」と総称されることがあります。

有酸素運動のメリットとしては、心臓の強化、血液を循環させる小動脈の増加、筋中のミトコンドリアの成長促進などがあり、筋力トレーニングのメリットとはかなり違います（筋力が向上する主なメカニズムは、筋繊維の増大と、脳からの指令を伝える神経経路の強化です）。そして、有酸素運動と筋力トレーニングはどちらも重要であり、一方のみでは不十分です。

現在、身体を動かすことのメリットはよく知られるようになりました。心臓病、糖尿病、関節炎などのリスクが軽減され、寿命が延び、体重とストレスが減り、鬱の発生率が低下し、認識機能が改善するといったメリットです。注意すべきなのは、これらの効果は筋力トレーニングではなく、有酸素運動と密接に関連しているという点です。

また、有酸素運動にはスポーツのパフォーマンスを向上させるという効果もあります。これは、従来は有酸素運動とは直接の関係がないと思われているスポーツ種目にも当てはまります。たとえば、スノーボードの二〇〇九年ワールドカップ出場選手を対象にした研究によると、エアロバイクで測定した選手の有酸素運動能力は、彼らの最終順位を予測するもっとも信頼できる指標の一つであることがわかりました。

また、他競技に比べると「アスリート的要素」が少ないと見なされることもあるゴルフでも同じです。カナダのナショナルチームに所属する二四人のゴルファーの身体的・生理学的な特徴を調べた二〇〇九年の研究では、選手のランニング能力とトーナメントでのパフォーマンスの間にかなりの関連が見出されました。有酸素運動の能力が優れていれば、種目を問わずベストの状態で長時間、運動を続けられるのです。

もちろん、誰もが毎日本格的な有酸素運動トレーニングをしなければならないというわけではありません。プロのサッカー選手は自らのVO_2MAXの約七〇パーセントで動いていて、この数値は効果的な有酸素運動をおこなうための最低ラインである約五〇パーセントを優に上回るものです。ですからサッカーはプレーそのものが効果的な有酸素運動であることがわかります。一方、野球やアメリカンフットボールのプレーは立ったまま静止している時間が長く、これらの競技そのものが有酸素運動になることはあまり期待できません。

ウエイトトレーニングを中心とした運動をおこなう人の多くは、有酸素運動の代わりに「サーキットトレーニング」を取り入れています。サーキットトレーニングも筋力トレーニングの一種ですが、種目間の休憩を数秒しかとらないことで心拍を高く保ち、心肺と筋力の両方を同時に鍛えることを目的としています。

ただし過去三〇年間の研究では、通常のサーキットトレーニングのVO₂MAX値は五〇パーセントをわずかに下回ることが多いことがわかっています。もっと運動の強度を上げインターバルを短くすることが必要なのです。これはクロスフィット（有酸素運動と筋力トレーニングを組み合わせて総合的におこなうアメリカで人気のトレーニング法）などで実践されている方法で、ほぼ休憩なしの高い強度の運動がおこなわれています。

結論としては、さまざまなスポーツのパフォーマンスを改善するうえでも、健康状態を改善させるためにも、有酸素運動は必要不可欠です。ウエイトトレーニング後の一〇〜一五分間のエアロマシンや、有酸素運動系のスポーツなどを週二回程度おこなうだけで大きな効果があります。必ずしもジョギングをしなくても大丈夫です。ジョギング後と同じような体感が得られる運動をすればよいのです。

ポイント

運動の目的が何であれ有酸素運動は重要。ゴルフなどの「リラックスした状態」でおこなうスポーツでも有酸素運動の能力が重要なことがわかっている。

Q 有酸素運動はどれくらいの強度でおこなうべきか？

運動を始めたばかりの人は頑張りすぎてしまいがちです。トレッドミルのスピードを無理な速さに設定しては後ろにはじき飛ばされることを繰り返し、数日もするとやる気を失ってしまうことも珍しくありません。一方で、雑誌をめくりながら超スローペースでエアロバイクのペダルをこぐ人もいます。適切な運動をおこなうためには何が目安になるのでしょう？

有酸素運動の強度は、身体の反応に応じて三つに大別できます。もっとも楽なのは「有酸素ゾーン」で、心臓と肺は筋肉に十分な酸素を送りつづけられます。もっとも難易度が高いのは「無酸素ゾーン」で、筋肉は血液から酸素を得ることができません。その境目となるのが「閾値ゾーン」で、酸素不足に陥った筋肉が「対応」を開始することで血中に乳酸が急速にたまっていくのが特徴です。

トレーニングにおいて、各ゾーンにどれだけの時間を費やすかは各人の目的や好みによりますが、目安になるのは、毎週の練習の七〇パーセントを有酸素、二〇パーセントを閾値、一〇パーセントを無酸素の運動に割り当てるというものです。この割合は、持久系のトップアスリートのトレーニングデータにもとづいて割り出されたものです。

こうしたトップアスリートのトレーニングにおいては、最大限の効果が得られるハードなトレーニングをしつつ、それが次のトレーニングの支障にならない程度に疲労を抑えることも大切です。運動を始めたばかりの人は、「容易な」有酸素運動の割合が多いことに驚くかもしれませんが、いつも激しい運動をおこなえばよいというものではないのです。

どのゾーンにあるかを知るための方法には、さまざまなものがあります。実験室で、異なる運動強度で血中の乳酸塩を測定して、閾値が生じる運動の速度や心拍数を正確に測定する方法があります。また、心拍のモニターもトレーニング強度の監視に役立ちますが、この方法には限界があることも知っておくとよいでしょう。意外にも、本人の感覚にもとづく判断も最新の測定技術を用いた場合と同じくらい正確です。

一九八七年のリバプール大学での研究やその後の研究によっても、本人の「運動強度の自覚」が信頼できる指針になりうることが確認されています。ウィスコンシン大学のカール・フォスターによると、こうした強度の自覚を難しく感じるのは全体の約一〇パーセントの人のみ、自信家ですべてをコントロールしたいという意志をもつタイプ（弁護士や外科医などに多い）だということです。「彼らはトレッドミルの速度を徐々に上げ、トレッドミルから落ちてしまうようなスピードになっても、『軽い』『とても軽い』『中くらい』など言いつづけるのです」とフォスターは述べています。

他には、「トークテスト」と呼ばれる簡単な方法もあります。運動中、まとまった内容の会話を支障なくはっきりとしゃべれる場合は、その運動の強度が有酸素ゾーンであることを示します。閾値に達すると呼吸が激しくなるため、短めの言葉しか話せなくなります。無酸素ゾーンに入ると、せいぜい一度に一言か二言しか話せません。

これを目安にして、自分がどの強度で運動をおこなっているかを判断できるのです。フォスターらは、アスリートたちに自由に練習をおこなわせると、トレーニングを頑張りすぎてしまう傾向があることも明らかにしています。つねに練習強度に細心の注意を払うことで（一人でいるときも、声を出して確認することなどによって）、過度な練習や軽すぎる練習になってしまうことを避けられるでしょう。

ポイント

「トークテスト」によって運動のレベルが「有酸素」「閾値」「無酸素」のどのゾーンにあるかを判断できる。有酸素ゾーンに練習全体の七割の時間を費やすことが重要。

運動強度の目安

ゾーン	有酸素	閾値	無酸素
トレーニング時間中の割合	70パーセント	20パーセント	10パーセント
心拍	最大の79パーセント以下	最大の80〜90パーセント	最大の91パーセント以上
トークテスト	長めの文をしゃべれる	二言、三言ならしゃべれる	一言しかしゃべれない
トレーニング	20〜60分間の一定強度での運動	3〜10分間の激しい運動	0.5〜3分間の急激な運動

Q 最大心拍数はどうやって測るのか？

ジムの壁に貼られているポスターやエアロバイクの表示器には、よく運動時の最適な心拍数の目安が書かれています。「ウォームアップ」「脂肪燃焼」「有酸素」など、目的にあった心拍数のゾーンを保つことは、さまざまな運動で最大の効果を得るために大切です。たとえば最大心拍数の七五パーセントで運動をしたい場合、まず自分の最大心拍数を知っておかなければなりません。

よく知られた最大心拍数の計算方法は、「二二〇－年齢」です。広く普及している、とても簡単な方法（最新型のトレッドミルでの心拍数算出にもよく用いられています）ですが、実は正しい値が得られるとはかぎりません。テキサス大学の田中弘文（カーディオヴァスキュラー・エイジング・リサーチ・ラボラトリの責任者）は「この公式にはほとんど科学的根拠がない」と述べています。

事実、この公式は、一九七〇年代初期の研究結果にもとづいて単純な経験則としてつくられたものです。これらの研究の被験者には、喫煙者や、心臓疾患の薬を服用する患者が含まれており、ほとんどの被験者は五五歳以下でした。田中は、「二〇八－〇・七×年齢」という精度の高い公式を考案しています。

ただし、この公式によって導かれるものもあくまでも平均値です。心機能には個人間での先天的な違いが大きく、三人に一人の割合で最大心拍数から一〇拍以上もの誤差が出ます。運動ゾーンのカテゴリーが変わるほど大きな誤差です。また最近の研究により、有酸素トレーニングでの心臓強化で、最大心拍数が一分間当たり最大一〇拍ほど減少することもわかっています。

信頼できる唯一の測定方法は、実際に心臓をその最大の速さで鼓動させることです。通常は実験室でトレッドミルを使った心臓へのストレステストによって測定しますが、心拍モニターを装着して徐々に加速しながら走り、最後の数分を全力疾走することによっても適切な値を得られます（全体で一五〜二〇分間走る）。

アトランタ在住のベテランのランニングコーチ、ロイ・ベンソンは、最後に四〇〇メートルのグラウンドを二周ほど全力疾走するなかでの測定が理想的だとアドバイスします。

「一〇〇メートルごとに心拍数を確認し、できるだけ加速します。上限に達して一定時間維持される値が最大心拍数です」

レースに参加すれば、観客の応援や競争心によってやる気が高まり、最大心拍数に達するほどのスピードで走りやすくなります。このときスピードは徐々に上げるようにしましょう。いきなり全力疾走をすると、最大心拍数に達する前にスピードを維持できなくなってしまいます。

正しい最大心拍数を知れば、自分がどのトレーニングゾーンにいるのかを把握しやすくなります。ただし、注意すべき点がいくつかあります。気温や湿度が高い環境では、汗で血液量が少なくなり、運動強度が低くてもしだいに心拍が速まります（「カーディアックドリフト」と呼ばれています）。涼しく乾燥した状態では逆の現象が発生し、同じ速度で走っていても心拍数はいつもより低く保たれます。

心拍モニターは便利な道具ではありますが、トレーニングをどの程度の強度でおこなっているかの最終的な判断は、自分の感覚を基準にすべきだといえるのです。

ポイント

従来、最大心拍数の算出に用いられてきた「二二〇－年齢」の公式の精度は低い（とくに高齢者）。より精度の高い公式もあるが、正確な数値を知る唯一の方法は最大心拍数テストを受けること。

最大心拍数の目安

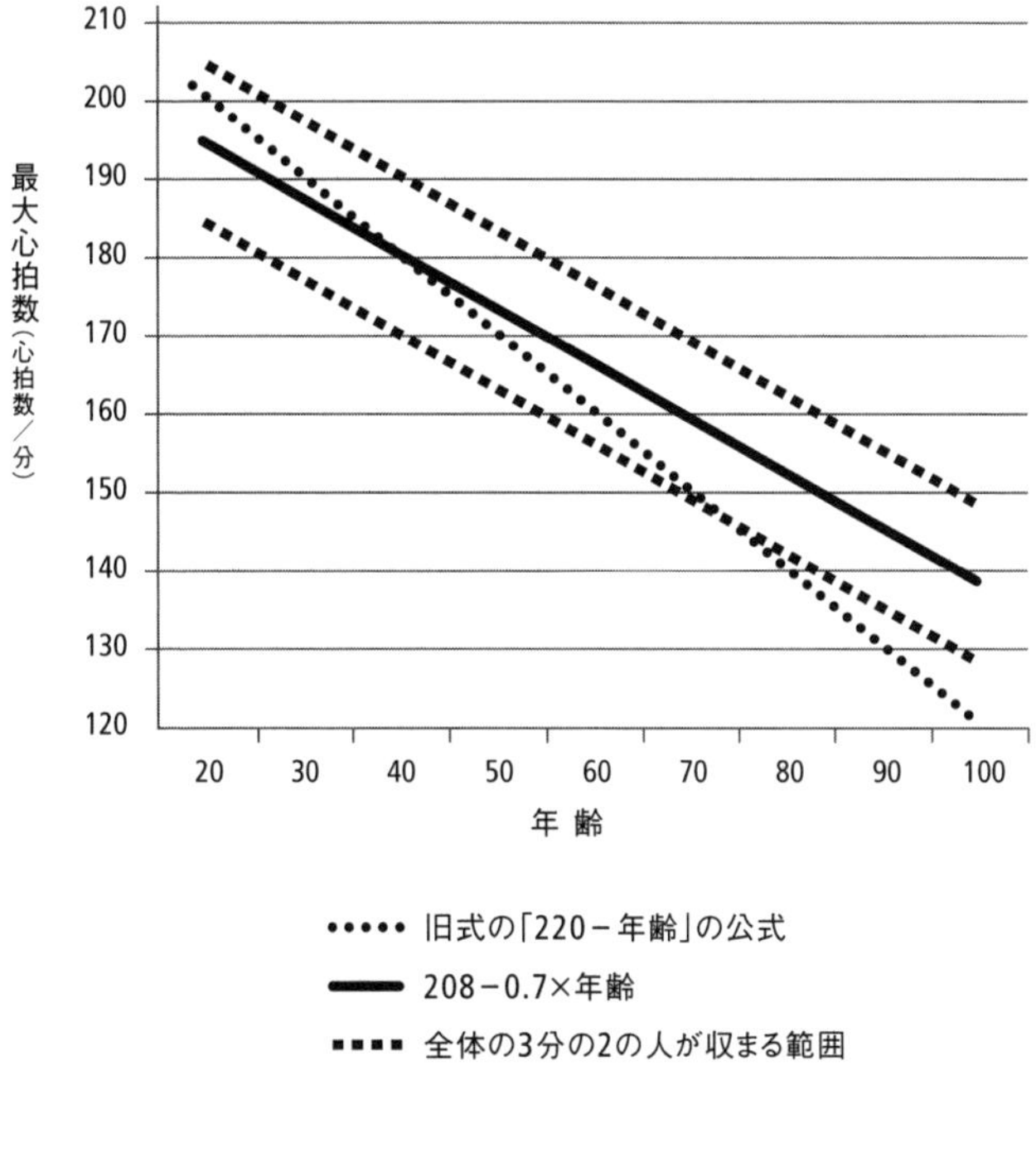
210
200
190
180
170
160
150
140
130
120
最大心拍数（心拍数／分）
20
30
40
50
60
70
80
90
100
年齢
旧式の「220－年齢」の公式
208－0.7×年齢
全体の3分の2の人が収まる範囲

Q 運動時のもっとも効果的な呼吸方法は？

鳥も馬も、動作に合わせて呼吸をします。ならば人間も、ランニングやサイクリング、ボートこぎなどをするときには、そのリズミカルな運動に合わせて呼吸するのが自然だと考えてもおかしくありません。

ここ数十年の研究から、さまざまな運動において、初心者であれベテランであれ、またその速度にかかわらず、呼吸と運動中の動作には関係があることがわかってきました。無意識に動作と呼吸を合わせることによって、パフォーマンスが向上することを示唆する研究もあります。ただし最新の研究は、呼吸法に集中することがパフォーマンスを低下させる要因になりうることも示しています。

馬はストライドと呼吸を同じタイミングでおこないますが、これは地面に蹄《ひづめ》が触れる衝撃で、肺と呼吸筋がリズミカルに揺すられることによる必然的な動きです。鳥の身体も、羽ばたきに合わせて呼吸をしなければならないような構造になっています。一方、人間は直立歩行をするため、足の着地による衝撃によっても呼吸筋は動きを妨げられません。

しかし一九七〇年代の研究では、トレッドミルやエアロバイクで運動をした一部の被験者の呼吸速度が、歩調やペダルをこぐ動きと自然に一致することを示しています。ストライド（右足が地面に着地するごとに数える）と呼吸（息を吐き出すごとに数える）の割合は被験者によって異なり、一対一、二対一、三対一、三対二、四対一が多く、五対二の場合もあります。ランナーの間でもっとも一般的に見られるパターンは、一呼吸に二ストライドの割合です。

一九九三年のスイスでの研究で、ピッチに合わせた呼吸をするランナーの消費エネルギーがわずかに少なくなる可能性が指摘されると、コーチたちはランナーに意識的にそのような呼吸をするよう指示しました。しかし、呼吸と合わせることで運動が楽になるかどうか、カロリー消費が減るかどうかは、長年の研究によってもはっきりとわかっていません。呼吸と運動効率の明確な相関は見出されておらず、効果が見られる場合もごくわずかなものでしかありません。それでも、「正しい」呼吸パターンが存在するという考え方はなくなりません。

最近の研究結果は、呼吸の意識的なコントロールからは、マイナスの効果が生じうることを示しています。ドイツ、ミュンスターのスポーツ科学センターでは、被験者を周囲の環境に意識を向けて走るグループと、呼吸に意識を集中して走るグループとに分けて実験をおこないました。

呼吸を意識して走ったグループの呼吸は深くなり、呼吸回数も低下し、結果として、約一〇パーセント多くのエネルギーを消費していることがわかりました。これは、無意識にゆだねることで適切な呼吸のリズムが見つけやすくなり、逆に意識的に呼吸を制御しようとすると適切なリズムを見つけにくくなるためだと考えられています。

ただし、さまざまな研究から、運動初心者に役立つ呼吸に関するアドバイスが得られます。たとえば、口か鼻のどちらか片方で呼吸するより、両方で同時に呼吸するほうが多くの酸素を容易に吸い込めます。また、ウエイトトレーニングでも、呼吸のタイミングが重要です。息を止めてしまわないように気をつけ、ウエイトを持ちあげるときに吐き、降ろすときに吸い込みます。一般的に、有酸素運動を始めたばかりの人が息切れしている場合は、呼吸法のせいではなく、ペースが速すぎる場合がほとんどです。ペースを落とし周囲の景色を楽しみながら自然に呼吸するとよいでしょう。

ポイント

身体の動きに合わせて意識的にリズミカルな呼吸をしようとすると運動効率が低下することがある。

Q 固い地面を走るとケガをしやすくなる？

多くの人は、固い地面で走ると足に大きな衝撃がかかり、ケガをしやすくなると考えています。しかし、実はこれを科学的に証明した例はほとんど見られません。逆に、人は走る表面の固さがどのようなものであっても、衝撃が同じになるようにストライドを調整しながら走っていることが多くの研究で証明されはじめています。また、地面がランニングに及ぼす影響は、その固さではなく、表面の滑らかさであると見なされるようになってきています。

着地面の固さの違いを身体が自動的に調整しているという驚くべき主張は、一九九〇年代にはじめて提示されました。さまざまな着地面を用いた実験の結果、被験者のランナーは筋肉の収縮程度や膝を曲げる角度をわずかに変えることで、どのような固さの地面で走っても上下動が同じになるよう、無意識に調整して走っていたことが明らかになったのです。

二〇〇二年のフロリダ大学マーク・ティルマンによる研究も、この考えを支持する結果になりました。衝撃を感知する靴の中敷きを使用して実験したところ、アスファルト、コンクリート、芝生、人工トラックの上で、ランナーの足にかかる力には違いはありませんでした。

ただし、これを疑問視する研究もあります。二〇一〇年のブラジルでの実験では、アスファルトの上で走った場合、芝生の上を走った場合と比べてストライドごとに一二パーセント圧力が高くなることがわかっています。それでもこの相違は、表面の固さの違いを考慮すれば、驚くほど小さなものだといえます。

スタンフォード大学の生体力学研究者キャサリン・ボイヤーは、着地面の固さではなく滑らかさに注目すべきだと述べています。舗装された平らな表面ではストライドがほぼ同じになり、ランニング時には筋肉や関節、骨に同じ圧力が繰り返しかかります。このため、トレーニングの強度を急に上げると足の酷使によるケガの発生につながるというのです。まだ解明はされていませんが、同じことがトレッドミルにも当てはまると考えられています。

対照的に、未舗装の表面では、毎回、着地面が微妙に異なるため、身体への衝撃もわずかに変化し、ケガの発生率を低下させます。ただし、あまりにも表面が不均衡な場合には、足首をひねったりする危険もあります。「ポイントは、真っ平らでも、過度に凸凹でもない、適度な不均衡のある表面上を走ることです」とボイヤーは述べています。

いまのところ屋外でおこなった研究では、地面とケガの発生率に相関は見出されていません。ただしこれは、相関がまったくないということではなく、この問題が予測されていたよりもはるかに複雑であることを示すものです。認識されていることの一つは、「特異性の原則」です。つまり、一種類の表面のみでトレーニングをしていると、身体は他の表面で走るための適切な準備をできません。マラソンレースの準備をするのであれば、芝の上のみで練習しないようにすべきであり、トラックレースの準備をしているのであれば道路のみで練習しないようにすべきです。

ポイント

滑らかで凹凸の少ない場所でのランニングは足への負担が大きくなる。さまざまな状態の道を走ることでケガのリスクを減らすことができる。

さまざまな表面上でのランニングに適応する

ランニング時、足は着地の衝撃を和らげるためにバネのように作用します。同じように、地面にも衝撃を和らげるバネのような作用があります。1998年、カリフォルニア州立大学バークレー校による報告が世間を驚かせました。地面によるバネの働きが変わると、ランナーは膝の角度と筋肉の緊張度を変えることによって自動的に足のバネの働きを調整しているというものでした。その結果、地面の固さにかかわらず、ランナーの身体の上下動は一定に保たれているのです。

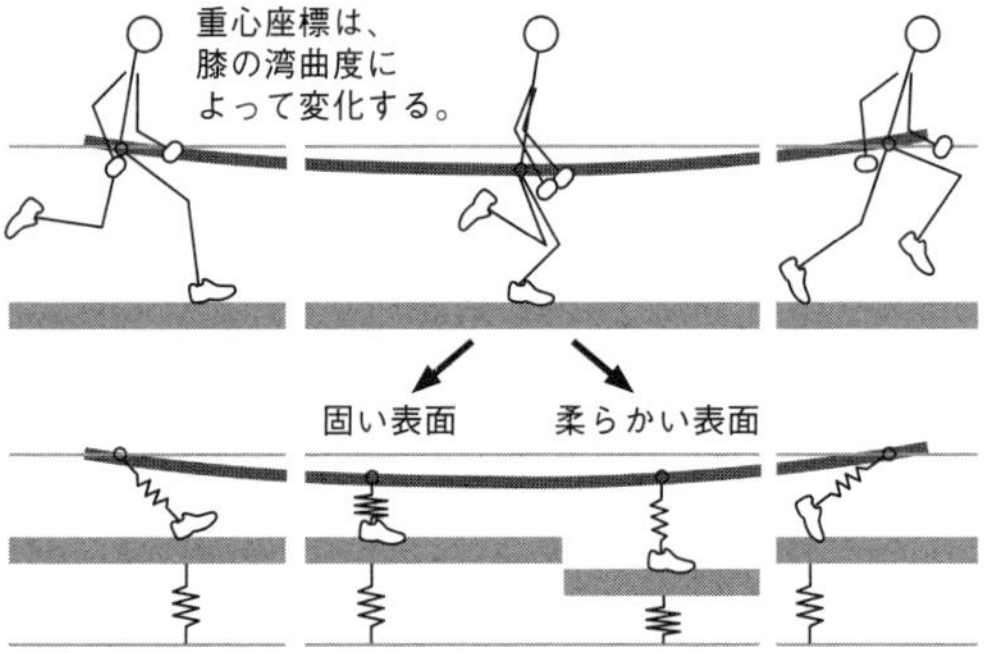

○表面の種類

1.砂利または土：手入れの行き届いた砂利道や小道は、理想的なランニングコースです。安定し平坦でありながら、しなやかでもあります。土の上も良いコースです。ただし轍や穴に気をつけましょう。

2.コンクリート：もっとも固い表面で、ランナーの多くは敬遠します。ただし一番の問題は、表面があまりに平坦なことで、身体への衝撃に変化を与えられないことです。他の地面と併用するようにしましょう。

3.アスファルト：多くの道路で使用されているため、便利だといえます。ただし、雨水の排水を促すための傾斜がつけられている場合（中央が高く、両脇が低くなっている）、足に偏った負荷がかかることがあります。交通事情が許せば、道路の反対側も走るようにしましょう。

4.芝生：ウィンブルドンのテニスコートのような芝であれば、ランニングにとって理想的です。しかし通常、芝の表面には凹凸があり、足首をひねるリスクがあります。通り道ができているところなど、なるべく平坦な芝の上を走るようにしましょう。

5.人工の陸上用トラック：アスファルトよりも柔らかく、距離も正確に測れます（通常は1周400メートル）。ただし、いつも同じ方向で周回していると身体に偏った負荷がかかり、ケガのリスクが高まります。逆回りでも走るようにしましょう。

Q 走り方が正しいかどうかを知るには？

ランニングは、ゴルフや水泳などの高度な技術が求められるスポーツよりも、食事や呼吸などの「基本的な動作」との間に共通点が多くあります。子どもは誰に教えられることもなく、はるか昔の祖先がそうであったように、自然に走ることを覚えます。とはいっても、颯爽《さっそう》と美しいフォームで走れる人と、そうでない人がいることも事実です。

ここで浮かぶ疑問は二つ。まず、数週間のランニングワークショップを受講することで、それまでの人生でずっと続けてきた走法をすっかり変えられるのかという点、もう一つは、走法を変えることは本当に意味があるのかという点です。

この分野では、長期的な研究はあまりおこなわれていませんが、最初の疑問への答えは、おそらく「イエス」です。二〇〇四年の南アフリカでの研究では、二〇人のランナーが一週間の集中的なプログラムで「ポーズメソッド」にもとづく走法を学びました。ポーズメソッドとは、着地時に身体をS字型にすることを意識する走法です。結果、被験者の歩幅は短くなり、身体の上下動と膝への衝撃が減少したのです。ただし、これらの変化がその後も維持され、被験者にとって徐々に自然な走り方に感じられるようになるのかについてはまだ検証されていません。

二番目の疑問は議論の的になっています。膝への衝撃が低減すれば、ケガの発生率が低下するはずですが、本当にこうした効果があるかどうかは、まだ実証されていないのです。

問題は、低減された衝撃がどこかに消えてくれるわけではないという点です。膝への衝撃が減るぶん、たとえば足首に強い負荷がかかるようになるのです。この研究に携わったロス・タッカーは実験後二週間以内に、二〇人の被験者ランナーのうち一四人にふくらはぎやアキレス腱の問題が発生したと報告しています（二〇〇八年、自らのブログに掲載）。

二〇〇五年のコロラド州立大学によるポーズメソッドの研究でも、八人の被験者に一二週間メソッドの講習をおこなったところ、上下動が少なく、短い歩幅の走法を習得できることが明らかになりました。ただし被験者のランニング効率（特定のスピードにおける酸素の消費量）は、ランニング後に平均で八パーセントも悪化していることがわかりました。

さらにこの研究では、興味深い報告がなされています。ランニング効率を向上させた唯一の被験者は、グループのなかで一番ランニング経験が少なく、実験開始時の歩幅がもっとも大きかったランナーでした。

考えられる結論としては、経験のあるランナーはすでに最適な歩幅を習得していたため、新しい技術を学ぼうとしたことによって逆にランニング効率を低下させたということです。ポーズメソッドそのものが、人によってはランニング効率を低下させるということも考えられます。

現時点では、より良い走法を学ぶことで何が起こるのかについては、最終的な結論は導かれていません。しっかりしたシステムのもとで練習をおこなえば、走法を変えられることはわかっています。それでもいまのところの最善策は、直感的に自分に最適な走法を見つけるために、ただ走ってみることなのかもしれません。

ポイント

努力すればランニングフォームは変えられるが、ランニングフォームを変えることでケガのリスクが減ったり速く走れるようになるかは現時点ではわかっていない。

Q 上り坂と下り坂の最適な走り方とは？

上り坂のランニングは肺に、下り坂は足に負担がかかります。どちらもうまく対応しなければ、快適なランニングが一気に辛いものになってしまいます。二〇一〇年のオーストラリアでの研究が、坂道の走り方についての貴重なアドバイスを与えてくれます。

この研究では、被験者に起伏の激しい約一〇キロのコースを走らせ測定をおこないました。心拍モニターに加え、酸素消費量を測定するポータブル・ガス分析器、速度と加速を測定するGPSレシーバー、ピッチと歩幅を測定する「アクティビティモニター」を用いての実験です。その結果、ほとんどのランナーは二つの大きな過ちを犯すことがわかりました。坂を上る速度が速すぎ、下る速度は遅すぎるのです。

ランナーが上り坂を平地と同じ速さで走ろうとすると、酸素の消費量が増え呼吸が激しくなります。そのため坂を上りきった後で回復に時間をとられるのです。この研究をおこなったクイーンズランド工科大学の研究主任アンドリュー・タウンゼントは「この結果は、上りでスピードを落とせば、その後で素早く速度を上げられる可能性があることを示しています」と述べています。

下りでは、まったく逆の現象が観察されました。ランナーのほとんどは、心肺機能による制限ではなく、坂を下るときに感じる不快な衝撃のために、十分な速度で坂を下れないのです。坂を下るときのコツとしては、坂の麓《ふもと》に到達しても、できるだけその速度を維持し、呼吸がきつくなって速度が落ちるまで走りつづけることです。

もちろん、坂を下るときに速度が落ちやすくなることには理由があります。足への負担が大きくなり、ケガのリスクが高まるのです。ですから下り坂のトレーニングは、ゆるやかな坂での短時間のスプリントに抑えておくことが望ましいといえます。

「上りはゆっくり、下りは速く」というシンプルなヒントは、ランニングのエネルギーをうまく配分するのに役立ちますが、自分にとって正しいバランスを見つけるためには、やはり実際に試してみることです。タウンゼントは、「いつものトレーニングコースにある坂道で、さまざまなスピードを試してみて、どの程度の速さがよいかを感覚的に身につけていくことが良い練習になるでしょう」と述べています。

ポイント

ランナーの多くが、上り坂では速すぎ、下り坂では遅すぎるスピードで走っている。

Q 階段の上り下りは健康に良い？

一九七八年から毎年開催されているエンパイアステートビルの階段（一五七六段）駆け上りレースは、間違いなくハードなトレーニングになります。ただし、階段での運動の効果を得るために、わざわざ超高層ビルの階段を上ったり、階段上り競争に参加する必要はありません。

アイルランドの研究は、勤務先で定期的に階段を使うことで驚くほどの運動効果が得られることを明らかにしています。「階段の昇降は特別な運動器具を用いずに日常のなかでおこなうことができ、また強度を適切に上げることのできる数少ない運動です」とユニバーシティ・カレッジ・ダブリンのコリン・ベーハム教授は述べています。

現在、階段レースはチャリティイベントとしてさかんにおこなわれるようになっています。ウェブサイト「Towerrunning.com」（そのモットーは、「エレベーターではなく、階段を使おう」）には、世界中でおこなわれている一〇〇以上の階段レースのリストが記載されています。こうした「摩天楼ランニング」の運動効果が、二〇一〇年にイタリアで調査されています（『スカンジナビアン・ジャーナル・オブ・メディスン・アンド・サイエンス・イン・スポーツ』に掲載)。

注目すべきは、手すりを使った階段の駆け上がりにはボートこぎのような効果があり、「全身を使った最大限の運動」をおこなえるという結果が出たことです。また、運動のエネルギーの約八〇パーセントは身体を重力に逆らって上に持ちあげるために、五パーセントは手足を前後に揺らすために、一五パーセントは踊り場で小さな半円を描きながら走るために使用されることもわかっています。

階段の昇降は運動強度が高く、有効なトレーニングになります。エンパイアステートビルの最上階までの最短記録は九分三三秒ですが、ベーハムらは、高層ビルを駆け上がらなくても、階段上りで十分な効果が得られるとしています。彼らは、女子大生八人に八週間のプログラムをおこなわせました。週に五日、一日に二回、一九九段の階段上りをおこなうというものです。被験者は一分間に九〇段のペースで階段を上ったため、頂上への到達に二分かかりました。プログラム終盤では一日に上る回数を五回に増やしましたが、それでも一日の運動時間の合計はわずか一〇分です。

この実験の結果、被験者は有酸素運動の能力を一七パーセント向上させ、健康に害を与えるLDLコレストロールの値を八パーセントも減少させました。これは、一日に三〇分間のウォーキングをした場合と同等の効果です。この実験をおこなった研究者たちは現在、階段ではなくステッピングマシンを用いた運動が、高齢者にも適用できるかどうかを調査しています。「これはとても運動強度が高いため、健康状態を短期間で向上させることができます。短時間の運動が好きな人には便利な方法です」とベーハムは述べています。

一般的には、たしかな効果を得るためには少なくとも一度に一〇分間の運動が必要だとされていますが、十分に強度が高ければ、より短時間の瞬発系の運動によっても運動効果を得られるという主張もあります。ベーハムは、健康維持のためには階段以外の運動もすべきだとしていますが、彼らの研究の成果は、日常のちょっとした心がけによって（エンパイアステートビルを駆け上がらなくても）健康になれることを教えてくれています。

ポイント

一日に二分間の階段上りを五回おこなうだけで、ジムに通わなくても、大きなフィットネス効果が得られる。

第5章 パワーアップ

古代ギリシャやローマ時代の彫刻のような「完璧な」プロポーションを目指して、熱心にウエイトトレーニングに励む人は、一九〇〇年代のはじめにはかなり大勢存在していました。このブームの大きさを物語るように、一九〇一年にロンドンのロイヤル・アルバートホールでおこなわれた初の大規模なボディビルコンテストの審査員には、シャーロック・ホームズの生みの親であるコナン・ドイルの姿もありました。筋骨たくましい人たちが壁一面の鏡で自分の姿をチェックしている現在の情景は、当時と変わっていないようにも思われます。

初心者は、ジムにいる筋肉もりもりの人たちを見ると、筋力トレーニングは自分とは無縁のものだと考えてしまうこともあります。しかし、筋トレは一部の人の専売特許ではありません。筋肉の強さは、すべてのスポーツや日常生活において重要な役割を担っているのです。

科学は、三〇歳以降に始まる筋肉量の減少を防ぐことが、老化を遅らせるために非常に効果的な方法であることに気づきました。ウエイトルームであれ自宅であれ、ダンベルやバーベル、マシン、自分の体重を用いた筋力トレーニングを、運動メニューに組み込むべきです。筋肉が増え見映えの良い身体つきになることは、あくまでも始まりにすぎません。筋トレは、実にさまざまな効果をもたらしてくれるのです。

Q スリムになりたいだけの人でも筋トレをすべきか？

おおまかに分けて、ジムには二種類の人がいます。スリムな体形を目指してトレッドミルを走る人と、筋肉を大きくするためにウエイトマシンを使う人です。前者のように体を絞りたいと考えている人にとって、ウエイトトレーニングは時間の無駄だと思うかもしれません。しかし、それは間違いです。

癌や心臓病、糖尿病、認知症などのリスクを軽減させるなどの効果があるということで、このところ有酸素運動に非常に大きな注目が集まっています。それに対し、筋力トレーニングは、どちらかというと実用的な目的（速く走る、遠くにボールを投げる、高くジャンプする、見映えをよくする）のためにおこなうものと考えられがちです。

しかし、この二つの運動には、従来考えられていたよりもはるかに多くの共通項があることがわかってきました。たとえば、筋力トレーニングをおこなうことで、糖尿病患者の体内のぶどう糖とインスリンのレベルが調整されやすくなることがわかっています（有酸素運動トレーニングより効果的におこなえる場合もあります）。また、高血圧から鬱に至る幅広い症状のコントロールにも筋トレは役立ちます。

もっとも重要なのは、筋トレには他の運動にはないメリットがあるということです。人は三〇歳以降、毎年約一～二パーセントの筋肉を失っていきます。これは、老後を健康に過ごしたいと考えている人にとっては大きな問題です。家具や重たい買い物袋を持ちあげたり、高齢になっても人の手を借りずに生きていくためには、筋肉を維持しておく必要があるのです。

また、筋肉量の維持は他にもいろいろな効果があります。マックマスター大学のスチュアート・フィリップスが述べているように、筋肉量が増えると基礎代謝が高まります。筋肉量が減るとカロリー消費量や食物を代謝する能力が低下し、肥満や糖尿病をはじめとするさまざまな問題を招きやすくなることがわかっています。

驚きなのは、筋肉が増えると骨の強度の維持にも役立つことです。一九八〇年代に登場したメカノスタット理論では、筋肉によって骨の強化を促す圧力が与えられるとされています。現在、筋トレは骨の強度を保つためのもっとも重要な方法の一つであると見なされています。

ジムで運動をする人は、減量や筋力アップ以外にも、さまざまな目的をもっています。健康の増進、スポーツのパフォーマンス向上、質の高い日常生活を送ること——。目的が何であっても、筋力トレーニングに少しの時間を割く必要があるのです。

ポイント

三〇代のはじめから毎年筋肉量の一～二パーセントが失われていく。筋力トレーニングによりこのプロセスを減速させ、骨を強く保つことができる。

Q どれくらいの重さのウエイトを何回くらい持ちあげればよいか?

紀元前六世紀にオリンピックで六度のレスリングチャンピオンに輝いたクロトンのミロは、トレーニングのために毎日仔牛を持ちあげ、成長した雄牛になってもそれを続けたといわれています。この伝説には二つの教訓があります。一つは、筋力を鍛えつづけるには、少しずつ負荷を上げるべきであること。もう一つは、どのような器具を用いるかは、それほど重要ではないということです。

筋力トレーニングを始める場合に良い指針となるのが、米国スポーツ医学会の指標です。「八〜一二回程度持ちあげるのが限界の重さで、全身の筋肉群を鍛える」というものです。この方法で三〜四か月間は良い結果が得られますが、それ以降は、筋肉を強く大きくするのか、筋肉の持久力を発達させるかのどちらかに決める必要があります。

強く大きな筋肉をつくるための一般的な方法は、重たいウエイトを、繰り返しの回数は少なく持ちあげ、長い休憩をとるというものです。通常、各種目で四〜六回の繰り返しを三セットおこない、セット間に三分の休憩をとります(セット数と回数を混同しないようにしましょう。ウエイトを一〇回持ちあげ、短い休憩をとり、もう一度それを繰り返した場合、「一〇回を二セット」おこなったことになります）。

すべての人が、大きな筋肉を必要としているわけではありません。たとえば自転車選手は、持続時間の短い爆発的なパワーを得ることよりも、何時間もペダルをこぎつづけられる持久力のある筋肉を発達させることを望みます。この場合に最適なアプローチは、軽いウエイトで、休憩時間を短くして回数を増やすことです。

他にも、短時間・高強度のトレーニングとして現在人気のクロスフィット法や、ノーチラスマシンの発明者アーサー・ジョーンズが開発した「ハイインテンシティ・トレーニング」（高筋力トレーニング）などのさまざまなアプローチがあります。高筋力トレーニングでは、各種目を一セットのみ、リフトは一五秒以上をかけてゆっくりとおこないます。これらのプログラムは正しくおこなうことで、著しい効果を生み出します。ただし、これらが従来のプログラムより優れているかという点について、はっきりとした結論は出ていません。

二〇〇八年の研究（『ジャーナル・オブ・ストレングス・アンド・コンディショニング・リサーチ』に掲載）は、従来のトレーニング方法（筋肉の量を増やす方法と、筋肉の持久力を高める方法）と、「低速度」のプログラムとの比較実験をおこないました。低速度プログラムでは、被験者は一〇秒かけてウエイトを持ちあげ、四秒かけてもとの位置に降ろしました（従来のプログラムでは、この一連の動きを一～二秒でおこないます）。

予想どおり、筋肉量を増やすための「高負荷で回数を少なく」した運動をおこなったグループはもっとも筋力を発達させ、持久力を高めるために「低負荷で回数を多く」したグループはもっとも筋持久力を向上させました。「低速度」グループの結果は、その中間に位置するものでした。

この研究をおこなったオハイオ大学教授シャロン・ラナは「低速度トレーニングでは、筋力と筋持久力の両方の効果を得られます。従来型の方法は、それぞれの目的において、低速度トレーニングよりもわずかに良い結果が得られると思われます」と述べています。

最近おこなわれたいくつかの調査でも、一セットのみのトレーニングはフィットネスの維持には十分なものの、最大限の筋力を得るためには複数セットの運動が必要であると結論づけています。

きわめて具体的な目標（できるだけ二頭筋を大きくしたいとか、重たい牛を持ちあげたいとか）がないかぎり、さまざまな方法を用いることで多くのメリットを得られるでしょう。トレーニングを続けながら、さまざまなセット数、回数、さらにはウエイトを持ちあげるスピードなどを試してみてください。きっと、自分に合ったトレーニング方法を見つけることができるでしょう。

ポイント

ウエイトの重量や何回繰り返すかにかかわらず、筋肉発達でもっとも重要な要因は、最後に筋肉の疲労限界に達すること。

Q 筋肉を大きくせずに鍛えるにはどうすればいいか?

腕のたるみが気になったあなたは、身体を鍛えようと決心しました。ジムでは、二頭筋カールなどの腕を鍛える種目を、軽いウエイトを使って回数を多め(たとえば三〇回)にしておこないました。重たいウエイトでトレーニングすると、筋肉がついて腕がもっと太くなってしまうと思ったからです。

身に覚えのある人は多いかもしれませんが、これは誤った運動のアプローチです。軽めの重量を用いた運動で「筋肉を引き締める」という考えは正しくはありません。身体のどこかを指で突いてみて、力を入れていてもその部分が柔らかいとしたら、それは脂肪を突いているからであって、筋肉がたるんでいるわけではないのです。軽いウエイトで回数を多くすると筋肉が引き締まるという神話のために、多くの人が十分な筋トレ効果が得られない「軽すぎるウエイト」を使っています。

筋肉を際立たせるには、二つの基本的な方法があります。筋肉を大きくするか、筋肉を覆っている脂肪を減らすかです。脂肪を減らすには、全身の脂肪を減らさなくてはなりません。腕の脂肪だけを部分的に減らすことはできないのです。

長い間、筋肉を増やすには、最大挙上重量の四〇〜五〇パーセントで筋トレをおこなうべきだと信じられてきました。上級者なら六〇パーセント近くに設定することもあります。しかし最近の研究では、もっとシンプルなルールが明らかになりつつあります。それはセットの最後に「それ以上その種目を続けられなくなる重量・回数で筋トレをおこなう」というものです。

大きな効果が期待できない軽すぎるウエイトで筋トレをおこなう人が多いという調査結果がいくつもあります。とくに女性は、筋肉を大きくしないようにする傾向が強いことがわかっています。ジムでトレーニングをする女性を対象にした二〇〇八年のニュージャージーでの研究では、三八パーセントの女性がわずかな筋トレで、大きくて「隆々とした」

筋肉がついてしまうと考えていることがわかりました。

　仮に筋肉をつけるのは良くないという考えを受け入れたとしても、何をすれば筋肉が大きくなるのかについて誤解があるのはたしかです。見方を変えれば、多くの女性が抱いている「わずかな筋トレで筋肉が著しく大きくなる」という認識は正しくないので、どちらに転んでも隆々とした筋肉を身につけることがない彼女たちは、ラッキーだといえるかもしれません。

　軽重量での多数回のトレーニングは、筋持久力の向上には役立ちます。ただしこの場合でも、効果を得るためには各運動のセット終了時に限界に近い力が必要になるように重量・回数を設定する必要があります。筋肉を際立たせたい場合は、重いウエイトを用いて、回数を少なくしておこなうのがベストです。たとえば各種目六〜一二回を一セットとして、最大六セットおこないます。他にも、筋力アップ、有酸素運動効果、減量をバランス良く目指すために、回数とセット数を調整する方法もあります。

ポイント
最大挙上重量の四〇〜五〇パーセントより軽いウエイトで筋肉の「強化」をおこなうと効果は少ない。

Q 筋力とパワーの違いとは？

メジャーリーグの投手の指先から放たれた速球が、キャッチャーミットに届くまでにかかる時間は〇・五秒ほどです。一九六七年の研究によると、打者は判断を下すのに〇・二六～〇・三五秒、バットを振るのに〇・一九～〇・二八秒間かかります。つまり、体重の三倍の重さのベンチプレスができるほどのパワーがあっても、それを瞬時に解き放つことができなければ、優れた打者にはなれないのです。

パワー（力）は、「筋力（フォース）×速度（スピード）」と定義され、瞬間的な力を発揮する能力を示します。レッグプレスマシンで重いウエイトを持ちあげるために必要なのは筋力のみです。瞬間的に高く飛び上がるためには、筋力と速度の両方が必要です。このため、ほとんどのスポーツでは筋力よりも「パワー」が重要になるのです。

パワーを強化するためのトレーニングは、筋力トレーニングとわずかに異なります。もっともシンプルな方法は、通常よりも少し軽い負荷を、速く、爆発的な動きで持ちあげるというものです。米国スポーツ医学会は、最大重量の六〇パーセントまでのウエイトで、三～六回を一～三セットおこなうことを推奨しています。

ただし、筋力トレーニングとまったく同じ種目をするのではなく、ボックスジャンプ、ジャンプスクワット、メディシンボール投げなど、複数の関節を使用する機能的な運動を重視しておこなうことが大切です。目的は、ハムストリング筋の「筋力を鍛える」ことではなく、「瞬間的なジャンプ力」を鍛えることだからです。

選択するトレーニング種目も、目的に合ったものにすべきです。アスリートは、試合時に近い動きを、実際のスピードを想定しておこないます。たとえば、二〇〇九年の調査（『ジャーナル・オブ・ストレングス・アンド・コンディショニング・リサーチ』に掲載）では、野球選手はバットを振る速度を上げるために、一日に一〇〇回前後（週に三回）素振りをするようアドバイスしていますが、「ドーナツ」と呼ばれる重りをバットにつけることは推奨されていません。スイングのスピードが遅くなるためです。また、メディシンボールを用いた激しい回転運動でも、パワーとスイング速度を向上させられることがわかっています。

ゴルフのような、穏やかに見えるスポーツでもパワーが大きく影響しています。トロント大学のグレッグ・ウェルズによる二〇〇九年の研究によると、足のパワーの指標となる垂直跳びの記録は、ゴルフ上級者のドライバーショットの飛距離と関連しています。この点を意識しているゴルファーは多くありません。ウェルズは「ゴルファーは従来、筋肉を強く、大きくすることを重視してきました。このため、スイングの速度が上がらず、ボールを強く打てない選手が多くいます」と述べています。

パワーが問題になるのは、アスリートだけではありません。健康の専門家が、高齢になるにつれて日常生活で「機能的強度」が重要になるというとき、それは筋力ではなくパワーを指している場合が多くあります。たとえば、椅子から立ち上がるには、持続的な筋力よりも瞬間的な力が必要です。最近の研究では、軽いウエイトを用いた素早い動きをおこなうことで、高齢者のバランスの改善や骨の強化などに効果があることがわかっています。

とはいえ、パワーは筋力なくしては生まれません。通常の筋力トレーニングも続けるようにしましょう。いつもの運動に少し瞬発力の動きを取り入れるだけで、試合や日常生活での効果を実感できるようになるでしょう。

ポイント
パワー＝急激に強度を発する能力は、多くのスポーツにおいて重要。

パワーアップの方法

パワーを強化するトレーニングには高度な技術が求められるものがあり、ケガをしやすくなります。基礎的な筋力と持久力がついた後、以下の三つのパワー運動をおこないましょう（ゴルファー向けのトレーニング解説書『Physical Preparation for Golf』の著者グレッグ・ウェルズによる）。

スクワットジャンプ

両足を肩幅程度に開いて立ちます。無理のない低さまでかがみ、その状態から、できるだけ高く飛び上がります。この動作を繰り返します。

上級者向け：メディスンボールを両手でもち、ジャンプする瞬間にできるだけ高くボールを上に投げます。

ボックスジャンプ

ボックスまたは踏み台の前に立ちます。足を肩幅に開きます。ジャンプして、ボックスの上にそっと着地します。必要に応じてボックスの高さを調整します。

上級者向け：ボックスの上から動作を開始します。床に飛び降り、着地直後に反動を利用してそのままできるだけ高く垂直にジャンプします。

プライオ式腕立て伏せ

腕立て伏せの姿勢をとります。ゆっくりと胸を床に近づけ、両手の力で勢いよく身体を持ちあげ、その勢いで手を離して拍手をします。この動作を繰り返します。

上級者向け：バランスボールに足を乗せて、同じ動作をおこないます。

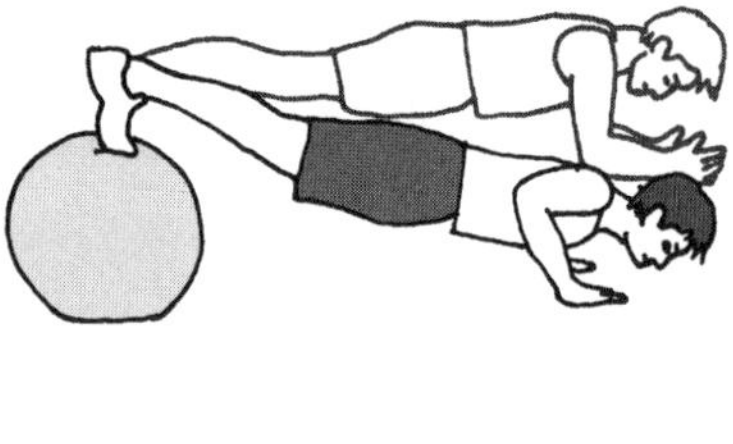

Q フリーウエイトとマシンの違いとは？

フリーウエイト（固定されていないダンベルやバーベル）とトレーニングマシンのどちらを選ぶべきかは、運動時にどれだけ身体を安定させたいかによります。初心者がマシンを使う最大の利点は、誤った動作を防げることです。マシンは基本的に一方向にしか動かず、それに従うことで正しいフォームで運動をおこなえる仕組みになっています。逆にいえば、これがマシンの最大の弱点でもあります。日常生活やスポーツでは、筋肉を動かすときにマシンがしてくれるようなサポートはないのです。

ニューファンドランド・メモリアル大学のスポーツ研究者デビッド・ベームは「マシンは非常に安定していますが、フットボールの土のフィールドを走り回るときや、テニスコートで片足でフォアハンドストロークを打つときの動きとは大きく異なります」と述べています。これは年配者が車から降りるときなど、日常生活での動きにも当てはまります。そのため、フリーウエイトはマシンよりも機能的なトレーニング効果が高いと考えられています。フリーウエイトはマシンに比べ不安定なため、運動時に全身のバランスをとらなければならないからです。

二頭筋カールなどの単純な運動をおこなうときのことを考えてみましょう。ウエイトマシンを使うと、二頭筋が集中的に強化されます（もちろん、それは二頭筋カールをおこなう本来の目的です）。しかし、起立状態でのダンベルを用いた片腕カールでは、身体が垂直に保たれるため、二頭筋だけではなく、背中の伸筋や腹部、大腿四頭筋などの他の筋肉も使われるのです。

南カリフォルニア大学で運動や老化と生体力学の関係を研究しているジョージ・セーレムは、フリーウエイトでは「他の筋肉の力を借りようとする」と述べています。他の筋肉を使うことで、フォームが不適切になったり、ウエイトを重たく設定しすぎたりして、背中をねじってしまうなどの問題が起きることもあります。しかしフリーウエイトは全身を用いて安定性を確保し、パワーアップするのには有効なのです。

安定度をさらに下げるために、バランスボールの上でウエイトトレーニングをする人もいます。この場合は、体幹と背中の中心の筋肉を使う必要があります。ベームは「筋力を向上させるためにはできるだけ重いウエイトを持ちあげなければなりませんが、バランスボール上ではあまり重いウエイトは持ちあげられません」と述べ、バランスボールでバランスをとりながらウエイトを持ちあげるのは健康とフィットネスの改善を目的とする一般人向きであり、パフォーマンスの向上を目的とするアスリートは平面でのフリーウエイトが重要であるとしています（二〇一〇年『カナディアン・ソサイエティ・フォー・エクササイズ・フィジオロジー』に掲載）。

マシンには安全性のほかにも利点があり、上級者もそのメリットを享受できます。筋肉を部分的に強化できるために、弱点を集中的に鍛えやすいことと、各動作でつねに一定の抵抗力が与えられるよう設計されていることです。またマシンを多く備えているジムを利用する最大のメリットは、プレートの取り替えなどに時間のかかるフリーウエイトに比べ、時間を有効に使えるという点です。

結論としては、マシンは安全かつ簡単に運動をおこなえるという点で初心者に適しているといえます。ただし、セーレムは、経験を積みながらフリーウエイトを主体としたトレーニングに移行することがベターだと述べています。

ポイント

マシンは安全で使いやすいが、フリーウエイトはより「現実的」なチャレンジを筋肉に与え、筋肉のバランスを発達させ安定させる。

筋力トレーニングにおける安定性

筋トレの各種目(この例ではベンチプレス)は、安定性のレベルを変えておこなえます。安定性が高いと、初心者は簡単かつ安全に動作をおこなえます。安定性が低いと、バランスをとるために多くの筋肉が刺激されますが、持ちあげられる重量は低くなります。

**もっとも安定性が高い:
ウエイトマシン**

鍛えられる主な筋肉:胸筋

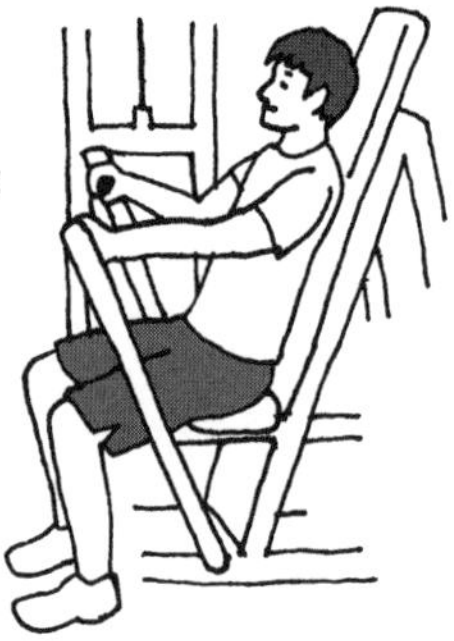

安定性が低い:フリーウエイト

鍛えられる主な筋肉:胸筋
その他に鍛えられる筋肉:
三頭筋(腕の後ろの筋肉)、三角筋(肩)

**もっとも安定性が低い:
バランスボールを用いたフリーウエイト**

鍛えられる主な筋肉:胸筋
その他に鍛えられる筋肉:
三頭筋(腕の後ろの筋肉)、三角筋(肩)
鍛えられるスタビライザー筋肉:腹部

Q 腕立て伏せなどの自重トレーニングはウエイトを使ったトレーニングと同じ効果があるか？

アメリカでは毎年一月になると、今年こそは身体を鍛えようと意気込む大勢の人たちがスポーツジムに入会します。四一五〇万人のアメリカ人が、スポーツクラブの会費を年間合計で一八七億ドルも支払っています。しかし二月になると、新規会員の多くはジムに通うのは不便で、時間がかかり、おっくうであることに気づきます。

しかし、自宅用に運動器具を購入したくても、これらの装置は非常に高額です。この問題の解決策となるのが、バーベルやウエイトマシンの代わりに自分の体重を用いる自宅でのトレーニングです（ホテルの部屋や公園など、自宅でなくてもかまいません）。

運動がどれだけ長続きするかは、「便利さ」にかかっています。医師から運動を勧められた心臓病などの患者が長く続けられるのは、特別な器具のある近くのジムや病院でのプログラムではなく、自宅でおこなうプログラムのほうです（二〇〇五年のコクラン共同計画の調査）。他の研究によれば、自宅で運動をおこなっていた人の六八パーセントは、二年後もまだ運動を続けていたのに対し、ジムで運動をおこなっていた人の二年後の継続率は三六パーセントでした。

　自分の体重を利用する運動（自重トレーニング）で得られる効果は、運動開始時点の体力とトレーニングの目的しだいです。二〇〇九年に日本でおこなわれたある研究では、平均年齢六六歳の被験者に、スクワット、カーフレイズ、膝の屈伸など足の運動を中心とした自重トレーニングを課しました。

　週二回、一〇か月間のトレーニングの後、被験者は平均で足の力（フォース）を一五パーセント、パワーを一三パーセント増強しました。データによれば、最大の効果があったのはプログラム開始前にもっとも力の弱かった被験者でした。この人たちは、自分の体重がかなりの負荷になっていたのです。

　しかしこの結果は、自重トレーニングの弱点も浮き彫りにしています。自重トレーニングでは、ある程度の筋力がついた後で負荷を上げるのが難しいのです。もちろん、腕立て伏せなどの一般的な運動でも、椅子に足を乗せたり、片腕でおこなったりすることで、負荷は調整できます。手の位置を変えることでも、鍛える筋肉の部位を変えることもできます。

　しかしアーノルド・シュワルツェネッガーのような筋骨隆々の身体を目指しているボディビルダーにとって、このレベルの調整ではジムでの特殊な運動の代わりにはならないでしょう。筋力とパワーを最大限まで高めるためには、ジムのウエイトとマシンを用いて細かな調整をしながら、自宅では簡単にできない、さまざまな筋肉に集中的に負荷をかける多様なトレーニングをおこなうべきなのです。

ただし、一般人がフィットネスを向上させたい場合や、テニスやバスケットボールなどのスポーツをしている人が調整の一部としておこないたい場合などは、腕立て伏せ、懸垂、腹筋、チェアディップ、スクワットなどの自重トレーニングによって、十分なトレーニング負荷を得られます。それに、なんといっても自重トレーニングにはお金がかからないのです。

ポイント

ビギナーにとって自重トレーニングは一定の効果がある。

Q 筋肉をつけるためにタンパク質をどれくらい摂取すべきか？

ジムでものすごく重たいバーベルを上げている筋骨たくましい男性のバッグのなかには、かなりの確率で大量のプロテインパウダーが入っているはずです。これは「筋肉を増やすためには筋肉を食べなければならない」という考え方が根強いことの証拠でもあります。

しかし、それが本当に正しいのかはわかりません。アスリートとタンパク質の関係を研究しているマックマスター大学のスチュアート・フィリップスは「長年、人びとがその効果を信じて愛用してきたものに疑いの目を向けることは難しいことですが、プロテインを多く飲むことで本当に筋肉がつきやすくなるのかという点は、追究すべき大きな問題です」と述べています。

このテーマに対するアスリートと研究者の見解は、真っ二つに割れています。運動をおこなう人が実際にどれくらいの量のタンパク質を必要とするかについては、精緻な研究が長年、数多くおこなわれてきました。マックマスター大学では、タンパク質には含まれるが炭水化物や脂肪には含まれない窒素を調べることで、タンパク質が被験者の筋肉の増減に及ぼす影響を測りました。

フィリップスの同僚、マーク・ターノポルスキーが「摂取された食物を記録し、排泄物や汗を採取して調査した」ところ、本格的なアスリートでさえ、運動習慣のない人に比べ、体内でごくわずかに多くタンパク質が使用されているにすぎないという意外な結果が出ました。

その数値はボディビル雑誌などが推奨しているタンパク質の摂取量よりもはるかに少ないものでした。タンパク質の使用量がもっとも多かったのはウエイトリフティングの初心者で、これは筋肉をより短期間で発達させる必要があるためです。逆に、ベテランのボディビルダーは、多くの筋肉量があるにもかかわらず、初心者よりも少ない量のタンパク質が使用されていました。

こうした研究結果は、これからボディビルダーになる人にとって悩みの種になります。実験室にいる研究者のアドバイスに従うべきなのか、それとも、ジムにいる筋骨隆々とした人びとのアドバイスに従うべきなのか。

フィリップスは、現在の研究技術がまだ不完全であるとすれば、その中間がもっとも適切だと思われると述べています。カナダとアメリカの現在の食生活ガイドラインでは、一日に体重一キロごとに〇・八グラムのタンパク質を摂取することを提案していますが、本格的な持久系アスリートは体重一キロに一・一グラム、本格的なパワー系アスリートは一・三グラムの摂取が合理的であるとするデータがあります。

ターノポルスキーは、これらの数値は北米の一般人が食事制限のない場合に平均して摂取する一日当たりのタンパク質（体重一キロにつき一・六グラム）より少ないと述べています。つまり、ダイエットのために特別なカロリー制限をしていないかぎり、一般的なバランスのとれた食事をしていれば、運動によるタンパク質のニーズが満たされるということです。カロリー制限をしていても、タンパク質摂取の割合を高めれば、トレーニングをしながら筋肉量を保ち、かつ減量することが可能だと考えられます。

摂取するタイミングも大切です。タンパク質はトレーニングが終了してから約一時間以内に摂取すると、効果的に筋肉を発達させることができます。二〇〇九年のマックマスター大学の研究は、トレーニング後に摂取するタンパク質の最適な量は約二〇グラムであると報告しています（『アメリカン・ジャーナル・オブ・クリニカル・ニュートリション』に掲載）。これは約五五〇グラムのスキムミルク、または目玉焼き四個、あるいは牛肉約九〇グラムから摂取できます。トレーニング直後にタンパク質を適切に摂取するのにプロテインは便利ですが、ツナサンドイッチでも同様の効果を得られます。

もちろんスポーツジムの常連と同じように、特大サイズのシェイカーでプロテインを飲むことには、それほど害はありません。「タンパク質を余分に摂取しても、それが腎臓に蓄積されたり、骨を破壊することはありません」とフィリップスは述べています。タンパク質を摂取しすぎることによるデメリットは、持久系・パワー系のパフォーマンスでともに重要な役割を果たす炭水化物の摂取が妨げられることです。このため、賢いアスリートはタンパク質の過剰摂取を避けています。

ポイント

従来の見解に反し、北米に在住する一般的な人は、毎日の食事から筋力トレーニングで筋肉を発達させるのに十分な（十分すぎる）タンパク質を摂取できる。

第6章 ストレッチと体幹

ストレッチをすべきなのか、しないほうがよいのか？　二〇年前なら、こんな疑問を持つ人はほとんどいなかったでしょう。しかし現在、地道な研究によって長年信じられていた仮説が覆され、ストレッチと柔軟性、ケガ、パフォーマンスとの関連性についての科学的な見解は大きく変化しています。

従来おこなわれてきた運動前の「静的」なストレッチは役に立たないばかりか、筋力、スピード、持久力を低下させることが明らかになっています。最新の研究は、効果的なウォーミングアップ方法として「動的」なストレッチを推奨しています。

従来のストレッチ以外にも、ヨガやピラティスなどの運動によって、柔軟性を高め、体幹を鍛える人が増えています。これらの運動はまだ研究されはじめたばかりですが、その効果が徐々に明らかになりつつあります。

Q ストレッチでケガを防げるか？

スポーツ科学者とアスリートで大きく意見が異なるのが、ストレッチです。初心者からプロ選手まで、レベルを問わず誰もがストレッチをしますが、その裏では「ストレッチをしてもケガや筋肉痛の予防にはならず、時にはパフォーマンスが緩慢になる」という研究結果が続々と発表されています。

カルガリーでアイスホッケーについての研究をおこなっているマイク・ブラコは、選手たちが「ハムストリング（太股の裏側の筋）と鼠径部のストレッチに異常にこだわっている」ケースを挙げています。ストレッチは試合前の儀式のようになっているため、選手にとっては研究から得られたデータなどどうでもいいのです。

答えの出ない疑問も残っています。ストレッチの方法も目的も、人によって違うからです。そこで本章では、まずストレッチがケガを予防するのかどうかを検証し、次に運動前のストレッチが最高のパフォーマンスを引き出すのかどうか、さらに運動後のストレッチが筋肉痛の回復（予防）に役立つのかどうかを確認することにします。
誰でも身体がこわばると筋肉を伸ばそうとします（つまり、ストレッチをします）。もっとも一般的なのは「静的」ストレッチで、身体の部位をできるかぎり伸ばし、その姿勢を三〇秒ほど維持します。身体の可動域が広がり、その状態を持続します。
しかし、柔軟性が高いほうがケガをしにくいという説には、いくつかの矛盾があります。筋肉が損傷するのは、身体を可動域内で動かしながら大きな負荷をかけて筋肉を収縮させているときです。バレリーナやアイスホッケーのゴールキーパーでなければ、通常の可動域を超えて開脚しようとすることはありません。マギル大学のスポーツドクター、イアン・シュリアは次のように主張しています。「ケガは、身体を可動域内で動かしている際に生じます。なぜ、可動域を広げることがケガの予防につながるのでしょうか？」（『ブリティッシュ・ジャーナル・オブ・スポーツ・メディスン』で二〇〇〇年に大きく取り上げられた論文）
この問題を解明するために、何百もの研究がおこなわれています。疾病管理予防センターは二〇〇四年に三六一の研究を検証し、「ストレッチがすべてのケガの軽減に関係するわけではない」という結論を導きました。さらに同センターは、「運動によるケガを防止するためにストレッチがおこなわれていますが、科学的な根拠はなく、直感や、なんとなくそうしたほうがいいといった研究結果がもとになっている」と述べています。同様の調査は二〇〇八年にも実施されましたが、結論は同じでした。

ここで注意すべきなのは、ストレッチの効果が証明できないからといって、ストレッチに効果がないと断定することはできないという点です。ストレッチプログラムを組むときは、個人のニーズや運動に合わせてアレンジする必要があります。ですからストレッチプログラムを総体的に研究しても曖昧な結果しか得られないのです。想像してみてください。自分のメガネを無作為に選んだ一〇〇〇人に渡して、彼らがメガネを使った感想をもとに「メガネを使うとよく見えるようになるかどうか」判断できるでしょうか。

ブラコが述べているアイスホッケーの選手のように、日頃実践しているストレッチに深い愛着を感じているのであれば、それをやめさせる十分な根拠はありません。ただし、ストレッチをするタイミングとその方法については慎重に考えなければならない理由がいくつもあるということなのです。

ポイント

ストレッチで身体の可動域は広がるが、ケガの発生率を低下させる効果は科学的には確認されていない。柔軟性を高める効果は、運動前ではなく運動後のストレッチのほうが高い。

Q 運動前にストレッチするとパフォーマンスが低下する?

ストレッチがケガを防止するかどうかの論争に決着がつくまでは、ストレッチは運動の一部と考える人が多いはずです。ですから、ストレッチにはケガ予防のほかにどんなメリットがあると考えられるのかを検討してみるのもよいでしょう。

以前と比べて大きく変わったことといえば、「冷えた」筋肉は伸ばしてはいけないことが理解されるようになり、いまではすっかり定着していることです。ミシガン大学でおこなわれたラットの足の筋肉を使った実験で、軽くストレッチしただけで筋繊維が損傷することがわかっています。

ストレッチはたいてい運動前のウォーミングアップに組み込まれているので、まずは軽いジョギング(または短距離の自転車こぎか水泳)をして筋肉を暖めるように専門家は勧めています。また、痛みを感じるほど筋肉を伸ばすのは避けるように注意しなければなりません。

こうした専門家によるアドバイスに従っても、ストレッチで一時的な後遺症(パワーやスピードの低下など)が起こりうることが、ここ数年の研究で明らかになっています。なぜそうなるのはかまだ十分に解明されていませんが、ストレッチをしてから最大二時間はそうした後遺症が持続することを明らかにした研究もいくつかあります。

『ジャーナル・オブ・ストレングス・アンド・コンディショニング・リサーチ』に掲載された、ミラノ大学で二〇一〇年におこなわれた調査を例に取り上げてみましょう。一七人の被験者にそれぞれスクワットの姿勢から垂直跳びをさせました。跳ぶ前に足のストレッチをした場合としなかった場合の二つの条件を設けてあります。跳躍高、ピーク時の筋出力、最大速度（最大運動エネルギー）のすべてで、ストレッチをしたときのほうが低い数字が出ました。これはそれまでに実施されていた六つの調査結果とも一致しています。

なぜこうしたことが起こるのでしょうか。諸説ありますが、たとえば筋肉や腱が「弛緩する」と力が効率よく骨へ伝達されないことが考えられます。これはロープをピンと張っておかないとヨットの帆が調整できないのと同じ理屈です。あるいは、肉眼では見えないミクロのレベルでは、筋繊維の一本一本が短くなるほどより力を発揮することも考えられます。さらに「神経筋」の影響を示す証拠もあります。ストレッチの後遺症で、収縮せよという脳から筋肉への信号が阻害されるのです。

もっとも可能性が高いのは、以上の要因が組み合わさった結果、というものでしょう。

なぜそういえるのかは、マックマスター大学の研究結果で説明がつきます。同大学での研究によると、ふくらはぎの筋肉を一定時間ストレッチした後では神経信号の送信に関係する力が弱まり、その状態が一五分続き、さらには筋力自体も低下して、もとに戻るのに最長一時間もかかりました。

当然のことですが、研究室での実験がつねに現実に応用できるわけではありません。そこで、二〇〇八年に全米大学体育協会に加盟しているルイジアナ州立大学のトラックチームの科学者とコーチが、優秀な短距離走者一九人を集めてストレッチに関する理論を検証しました。各選手に四〇メートル走を三本、一週間のインターバルを空けて二種類のチームメンバーで走らせました。結果は五・六二秒に対して五・七二秒で、ストレッチをしたときのほうがスピードが低下し、減速はおおむね後半に見られました。

「こうした研究から得られたデータはすべて、トレーニングや大会の前に静的ストレッチするのは避けるべきだということをはっきりと示しています」。こう述べるのは、ルイジアナ州立大学の調査を率いたジェイソン・ウィンチェスターです。彼のもとへはNFLのチームや全米トラックチームなどがアドバイスを求めて訪れます。

運動前にストレッチをするのではなく、トレーニング後やトレーニングをしない日に軽いストレッチをしてみてはどうでしょう。どうしてもトレーニングの前にストレッチをしたければ、少し加減して軽めのストレッチをすれば大きな差は出ないでしょう。しかし試合では、ストレッチしてからスタートするまでの時間をできるだけ長めにとるようにしてください。

ポイント
「静的」ストレッチをおこなうと、その後一時間以上パワー、スピードが低下する。

Q 運動前の最適なウォーミングアップ方法とは？

本章では、トレーニング前の静的ストレッチがもたらすマイナスの効果について述べてきました。「なるほど！　これからはウォーミングアップなんかしないで、すぐに運動を始められるな」と考えた読者もいるかもしれません。

残念ながら、それは正しい考えとはいえません。運動に備えて身体を整える方法をわずかに変えるだけで、トレーニングや大会でのパフォーマンスに大きな違いが出ることがわかりはじめているからです。

二〇〇六年にこの問題を研究した米軍の研究チームによれば、ウォーミングアップの主目的は、「筋肉や腱の柔軟性を高める、血流を末端にまで行き渡らせる、体温を上げる、自発的な協調運動を向上させる」などです。

軽くジョギングすれば体温が上昇するなど、簡単に目的を達成できることもありますが、重量を上げる、ボールを投げる、バスケットコート内で横に素早く動く、といった場面で使われる筋肉を調整するには、軽いジョギングでは不十分で、使用する筋肉を可動域いっぱいに動かす運動をしなければなりません。最初は力を入れずにゆっくりと筋肉を動かし、徐々に勢いをつけていきます。これは動的ウォーミングアップと呼ばれるもので、従来のストレッチのように静止状態を保つのではなく、動きながらストレッチをおこなうことを重視します。

過去一〇年、動的ウォーミングアップの原理についていくつもの研究がおこなわれてきました。米軍の研究では、入隊したばかりの兵士に、動的か静的どちらかのウォーミングアップを一〇分間おこなわせました。

静的ウォーミングアップをした兵士と、ウォーミングアップをまったくしなかった兵士に比べ、動的ウォーミングアップをした兵士は、敏捷性とパワーに関する三つのテスト（往復持久走、メディシンボール投げ、五段跳び）で高いパフォーマンスを発揮しました。

こうした研究の多くはウォーミングアップの短期的な効果に注目していますが、研究者が一番関心を示すのは、ウォーミングアップがその後におこなうトレーニングにどう影響するかという点です。

ワイオミング大学は二〇〇八年の研究で、動的ウォーミングアップを繰り返しおこなうことで、長期的な効果が得られるのかどうかを調査しました。米軍の研究でおこなわれたのと同じ方法を用いて、大学のレスリング選手らを四週間観察したところ、動的ウォーミングアップをした選手は、体力、持久力、敏捷性、無酸素性運動能力（幅跳び、腹筋運動、腕立て伏せ、六〇〇メートル走など）の測定値全体が向上しましたが、一方の静的ストレッチをした選手は、どの測定結果にも改善が見られませんでした。

動的ウォーミングアップの細かい内容については、自分がこれからやろうとしている運動に必要かどうかで変わってきますが、ルイジアナ州立大学のジェイソン・ウィンチェスターは動的ウォーミングアップを、基本となる三つの段階に分けることを提案しています。

1　低負荷でリズミカルに動くことで心拍数と体温を上昇させる。
　例：ジョギングか水泳か自転車こぎのどれか一つを最低五分間。

2　動的な基本練習を数分間おこない、筋肉を必要なだけその可動域内で動かす。
　例：スクワット、腕回し、スキップをそれぞれ一〇回ずつ。

3　その後におこなう運動に備えて、その運動に見合った動きをして仕上げる。ウエイトトレーニングをするのであれば、負荷を軽くして数回持ちあげます。テニスの試合の前なら、何球かグラウンドストロークを打つ（一度ごとにバウンドして跳ね上がってきたボールを打つこと）のもいいでしょう。本格的に走る前には、短い距離を何本か軽く走ってみてください。

この基本的なルールは、ウォーミングアップ後におこなう運動に備えて筋肉を調整するものですので、どのようなスポーツにも当てはめられます。運動が激しくなればなるほどウォーミングアップは慎重におこなわなければなりません。

ポイント

動的ウォーミングアップをおこなうことで筋力や持久力を損なうことなく運動の準備ができる。

動的ストレッチの方法

レースやトレーニングの前のウォーミングアップを、5分間の軽めのジョギングから開始します。その後、以下の運動を10回繰り返します。

ハイニー

足をゆっくりと高く上げることを意識しながら前に進みます。歩幅をかなり短くし、背筋をまっすぐに伸ばすことに注意します。

ヒールキック

かかとを、臀部に接触するまで跳ね上げながら、ゆっくりと前に進みます。歩幅は短くし、主に膝下を動かすことを意識します。

ウォーキングランジ

太股が地面と水平になるように、上体を低くして大きく前に踏み出します。その状態から、逆足で同じ動作をおこないます。

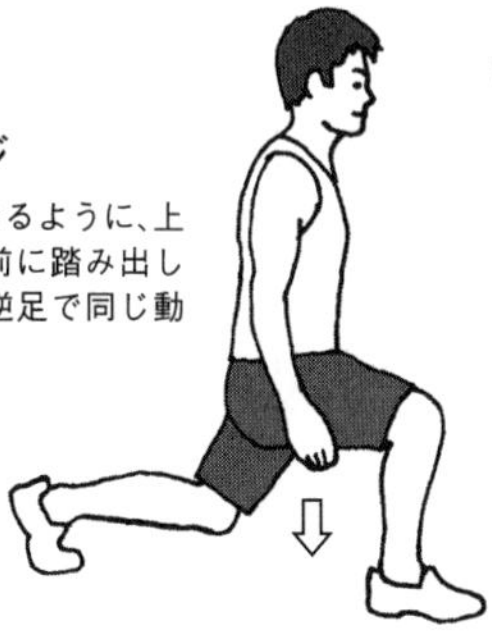

Q 運動後のストレッチで翌日の筋肉痛を予防できるか？

一九八六年、アムステルダム自由大学で被験者に片足のみを使った激しい運動をさせる実験がおこなわれました。実験の三日後、被験者の足を軽く叩いたり、指先で突いたりして足の状態を確認し、運動をすると筋肉痛になるのはなぜか、痛みが運動直後ではなく、たいてい運動した翌日や翌々日に生じるのはなぜかを調査しました。

筋肉痛を感じる足（運動した足）とそうでない足を比較するために、両足に電極をつけて計測しましたが、違いは見られませんでした。しかし、この違いのなさに重要な意味が隠されていました。一九六〇年代に提唱されて以来、圧倒的な支持を受けていた「遅発性筋肉痛（DOMS）」に関する仮説の否定につながったからです。DOMSの原因は、激しい運動で損傷を受けた筋肉が痙攣を起こし、血流が阻害されるためだと考えられていました。前述の実験はこの仮説に終止符を打ったのです。

信憑性のない「定説」が、その根拠が失われたあとも生き残ることはよくあります。一九六〇年代には、筋肉が痙攣を起こすことが筋肉痛の原因だと考えられていたので、使った筋肉を伸ばして血流をもとの状態に戻すのが一番の対処方法になるとされていました。

このため、運動した翌日に筋肉痛にならないよう、運動後にストレッチをすることが一般化したのです。運動後のストレッチはいまでもおこなわれています。

痙攣説が否定されたのですから、運動後にストレッチをしても筋肉痛にほとんど効果がないという研究結果が出てくるのはある意味当然ともいえます。二〇〇九年の実験では、オーストラリア人のボート選手二〇人に激しい階段上りをさせました。運動後、一五分間の静的ストレッチをするグループと、何もしないグループに分け、一週間後に役割を入れ替えて実験しました。実験の三日後に、二つのグループの筋力、筋肉痛、クレアチンキナーゼ（筋肉の損傷で上昇する酵素）の血中濃度を調べたところ、違いがまったくないことがわかりました。

同様の実験が屋外でもおこなわれています。オーストラリアのフットボール選手らに、試合後、休憩や一五分のストレッチなどいくつかの方法で疲労を回復させ、それを隔週で一二週間続けさせました。その後、筋肉痛の程度、垂直跳び、エアロバイクでのピーク時の負荷、そして柔軟性などの実験項目を比べたところ、各グループ間に相違は見出されませんでした。

こうした研究には共通項が見られます。コクラン共同計画（世界的に展開している、治療や予防に関する医療技術を評価するプロジェクト）が二五の研究について二〇〇八年に発表した見解では、ストレッチは運動後半日から三日後に起こる筋肉痛にはほとんど効果がなく、あったとしてもごくわずかである、という結果がどの研究を見ても「みごとに一致している」ことを示しています。

もちろん、トレーニング後のストレッチを正当化する根拠もあります。たとえば柔軟性を高めたいときなどです。筋肉がまだ熱をもっていますし、トレーニング後なのでストレッチがパフォーマンスへ及ぼす影響は関係ありません。しかし、残念ながら筋肉痛を低減させる効果はないのです。

ポイント

運動後のストレッチには翌日の筋肉痛を和らげる効果はない。

Q 「体幹」をどう鍛えるべきか？

最近、よく話題になるのが体幹です。ヨガにピラティス、バランスボールなどのさまざまなフィットネスプログラムで、「体幹を鍛えよう！」という謳い文句が定番になっています。

腰痛から運動によるケガに至るまで、体幹の筋肉の弱さがその最大の原因であるという点では、多くの研究者の意見が一致しています。ただし、カルガリー大学ランニング障害クリニック所長で運動生理学者のリード・ファーバーは「体幹とは何かという点では、意見が一致していません」と述べています。

体幹という場合、腹筋と腰の筋肉ばかりが意識されますが、骨盤まわりの筋肉や臀部の筋肉も運動しているときに身体を安定させるうえで重要な役割を果たしていることから、いまではこれらの筋肉も「体幹」の一部と考えられています。

ファーバーは、ある女性（四〇歳）を例に挙げています。その女性は膝の痛みでクリニックを訪れました。「女性はみごとに割れたシックスパックの腹筋をしていました。週に六日ピラティスかヨガをしていたのです」。しかしその女性は身体のバランスが悪く、片足立ちで膝を曲げる簡単な片足スクワットすらできませんでした。膝の痛みの根本的な原因は、臀部の筋力不足だったのです。

ファーバーのクリニックでの七か月間に及ぶ研究でも同じ傾向が実証され、対象となった患者の九二パーセントは臀部の筋肉が極端に弱いことがわかりました（四～六週間、臀部を強化したことで患者の八九パーセントに改善が見られました）。同じく、デラウエア大学の研究では、バスケット選手と陸上選手がシーズン中に足をケガをする一番の要因が、臀部の筋肉の弱さであるという結果が出ました。

腹筋を鍛える運動についても、どれも同等の効果をもたらすわけではありません。米国スポーツ医学会の二〇〇八年の年次総会で発表された研究では、胴部を丸めながら起き上がる従来の腹筋運動は、主に腹部の表面にある「シックスパック」と呼ばれる筋肉を使うもので、身体の安定に重要な「深層部の腹筋」はあまり使われていないことが明らかになりました。

オーバン大学のミシェル・オルソンはEMG（筋電図）電極を使って、さまざまな体幹運動による筋肉活性化の比較実験をおこないました。ピラティスは「ハンドレッド」（仰向けで両脚を四五度に上げ、両手は身体の横に置く）や「ダブルレッグストレッチ」（ハンドレッドのポーズで、両手を上げて頭の後ろまで伸ばして四五度を維持する）のように胴部を動かさないので、深層部の筋肉を強化するには腹筋運動よりもずっと効果があることがわかりました。

ファーバーは、クリニックでの診察の経験から、臀部の運動がもっとも重要だと述べています。これはサッカーからサイクリングまで幅広く関係する筋肉です。臀部の運動は重要なことを思い出させてくれる、とファーバーは述べています。「割れた腹筋があっても、必ずしも体幹が安定しているわけではないのです」

ポイント

臀部の筋肉と深層部の腹筋は、体幹の安定とケガの予防の面で、シックスパックと呼ばれる筋肉よりも重要である。

臀部の強化

骨盤と臀部の筋肉は、運動中の身体の安定に非常に大きな役割を果たしています。これらは「体幹」の一部であり、腹筋運動をする際に同時に鍛えるべきです。

以下の運動を、運動後(運動前ではなく)におこないましょう。徐々に回数を増やし、最終的には20回3セットおこなうようにします。三つの運動では、2秒で外側に動かし、1秒で戻る動きを、つねに意識しておこないます。

股関節外転筋

1.片足にバランスバンドをつけます。
2.バンドをつけた足を、膝を伸ばしたまま外側に動かします。

股関節屈筋

1.片足にバランスバンドをつけます。
2.バンドをつけた足を、膝を伸ばしたまま前方に動かします。

臀部外旋筋(座位)

1.座った状態で、バランスバンドをつけたほうの足を外側に動かし、ゆっくりともとの位置に戻します。
2.両膝は合わせたままにします。

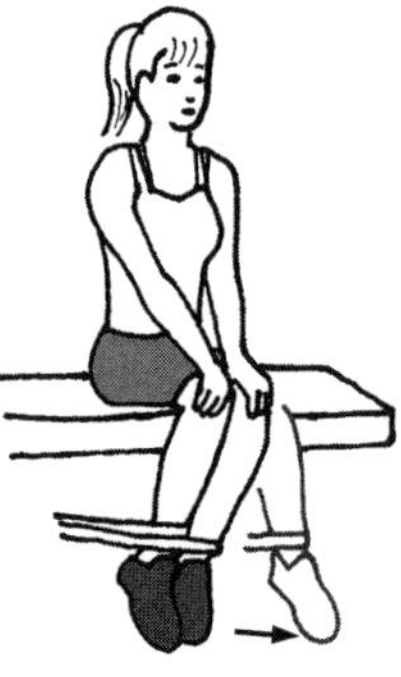

Q ヨガは有酸素運動になるか？

数年前、ネバダ大学ラスベガス校が調査したところ、高校の陸上選手に簡単なヨガの後に一マイル走らせると、タイムが平均で一秒よくなったことがわかりました。ただしこの大学では、やる気を高めるかけ声（「君なら記録を出せるぞ！」）を二〇分間かけつづけるとタイムが五秒縮まったという実験結果も出ているので、それを知っていれば、とくに驚くような結果ではありません。

運動能力を考えるときに、心と体を切り離すのは簡単ではありません。とくにヨガについてはそういえるでしょう。ヨガの語源には「つなぐ」「一つにする」という意味があり、その目的は、身体や呼吸、心を一つに結びつけることです。

サンフランシスコ在住の医師で、二〇〇七年に出版された『メディカルヨガ――ヨガの処方箋』（中原尚美訳、岡部朋子監修、二〇一一年、バベルプレス）の著者ティモシー・マッコールは、「身体に効果が表れれば必ず心にも作用しますし、その逆もしかり。それがヨガなのです」と語っています。

身体への効果を目的にヨガを始める人もますます増えています。二〇〇八年の調査では、一五八〇万人ものアメリカ人がヨガを実践していて、そのうち四九・四パーセントの人が健康のためにヨガを始めています（五年前の調査では、健康のためにヨガを始めたと答えた人はわずか五・六パーセントでした）。

運動としての視点で眺めてみると、ヨガには素晴らしい効果がたくさんあり、望ましくないと思われる点はあまり見当たりません。カリフォルニア大学デービス校による二〇〇一年の調査では、週に二回、九〇分のハタヨガのクラスを八週間おこなうプログラムで、被験者の筋力、持久力、柔軟性が驚くほど向上することがわかりました。バランス感覚や骨密度の改善が見られた調査結果もあります。ヨガは体重の負荷を利用する運動でもあるので、こうした結果は不思議ではありません。

ただ、ヨガにはさまざまなスタイルがあり、どれを選んでいいのか困惑します。そのため、ヨガをやるとどのくらい体力が向上するのかという質問にも、簡単には答えられません。他の運動と同じく、その効果はどのような動作を、どのくらいの頻度で、どれほど意欲的に取り組むかで変わります。

ヨガを、たとえばエアロビクスに匹敵するような、心臓血管にも良い運動と考えていいのかといったことについては、さらに意見が分かれます。カリフォルニア大学デービス校の研究では六パーセントほど心臓血管機能の改善が見られましたが、同様の効果が確認されなかった研究もいくつかあります。

四五分のパワーヨガ（アシュタンガヨガ）を被験者におこなわせたノーザンイリノイ大学の二〇〇二年の研究では、被験者の心拍数は有酸素運動の目安となる閾値を下回っていました。二〇〇七年の研究でも、ハタヨガのレッスンを一回受けた場合、「太陽礼拝（普通はヨガプログラムの最初におこないます）」の間は心拍数が適度な数値まで上昇しますが、平均のエネルギー消費量はのんびりと散歩したときと同じくらいしかなかったことがわかりました。

ただし、ヨガに有酸素運動の効果がないわけではありません。ノーザンイリノイ大学の研究主任カレン・リゼスクトによれば、パワーヨガを長年にわたって一日も欠かさず続けている「やる気に満ちた人」の場合は、心拍数が適度な高さまで上昇し、維持できると考えられています。ヨガの長所と短所を踏まえたうえで、有酸素運動については他の運動を取り入れるべきです。

「バランスのとれたアプローチをすることが、ヨガの尊ぶべき本質です」と指摘するマッコールは、自らもヨガの他に、ハイキングや自転車、ダンスなどを実践しています。

ポイント
ヨガの効果はそのスタイルとレベルによって変わる。柔軟性と筋力への一定の効果はあるが、有酸素運動の代用にはならない。

Q ヨガとトレーニングを比べてみると?

約二〇〇〇年前に確立された伝統的なヨガの八つの「支則」のうち、身体の健康に関係する教えは一つしかないとされています。その他は、道徳的基本、気の流れ、悟りを得るための瞑想などについての教えです。

最近は気軽にヨガを試す人が多くなっていますが、たまたま参加したヨガのレッスンで、みなさんは「呼吸と精神集中」といった通常のスポーツクラブではお目にかかれないようなレッスンに出くわすかもしれません。ヨガには、つねに広い意味での「健康な状態」を考えるという側面があります。

改めて述べるまでもありませんが、科学はヨガのメリットも細かい項目に分けて評価しようとします。たとえば、ヨガは身体的、精神的、感情的なストレスが引き起こす「闘争か逃走か」反応の制御に役立つという説があります。

ストレスホルモンのコルチゾールは、内分泌系を通じて生理作用を引き起こし、人の行動にも心理にも影響を及ぼします。心拍数、血液粘度、血圧がそれぞれ上昇することで脳から信号が送られ、それがストレスとなって神経系が反応するのです。こうした状況が頻繁に発生すると、体調を崩しやすくなりますが、ヨガをした日は、一日を通してコルチゾールの値を下げられるという研究結果が複数あるのです。ヨガは、ストレス、精神状態、睡眠傾向などにプラスに働くこともわかりました。

もちろん、ヨガ以外の運動でも同じ効果を得ることができます。二〇〇八年にラトガース大学が実施したハタヨガと筋力トレーニングの比較研究では、被験者に五〇分間運動をさせ、その後「不安感」「緊張感」「冷静さ」といった心理的要素がどう変化するか、一五分おきに測定しました。

その結果、ヨガは「不安感」と「冷静さ」で、筋力トレーニングではすべての測定項目でプラスの効果があることがわかりました。面白いことに、ヨガの効果は運動の直後に測定したときにもっとも顕著で、その後一時間のうちに効果が薄れていきました。一方の筋力トレーニングは効果の持続性が高く、疲れが回復するにつれてよりメンタル面が改善していきました（注意しなくてはならないのは、筋力トレーニングは「適度な運動」、ヨガは「軽い運動」と被験者が考えていたことです。筋力トレーニングのほうが効果が大きいという前提があったということです）。

他の研究でわかっているのは、ヨガとヨガ以外の運動には類似点が多いということです。メリーランド大学は二〇一〇年に八一の研究を改めて検討したうえで、健康への効果について「ヨガは他の運動と同等の効果をもつか、あるいはより効果的だといえる可能性がある」が、「綿密な研究が不足している」との見解を出しています。

ヨガにあって他の運動にはない秘密の要素を見つけ出した研究はまだありません。現時点ではっきりといえるのは、ヨガのクラスに参加するのも、水辺をのんびり自転車で走るのも、心身に良い効果をもたらすということです。

ポイント

他の運動と同じく、ヨガはストレスホルモンの低減と気分のコントロールに役立つ。

第7章　ケガと回復のメカニズム

スポーツ医学の父ともいわれる古代ギリシャの医師、セリュンブリアのヘロディコスは結核にかかったときに、マッサージと蒸し風呂とレスリングという精力的なプログラムでこれを治そうとしたといわれています。それから二五〇〇年が経ち、医療はめざましい進歩を遂げました（現在の医学の観点からは、結核の治療にレスリングは効果なし、マッサージは一応の効果あり、蒸し風呂は……場合によります）。

とはいえ、ヘロディコスの時代から変わらない原則が一つあります。ケガを予防するか、少なくともケガの芽を早期に摘みとるほうが、本格的にケガをしてしまってから治療するよりも何倍もましだということです。

一〇代の男性がケガをする最大の要因は、アイスホッケーやラグビーなどの接触型のスポーツです（女性の場合はサッカーとバスケットボールです）。しかし、非接触型のスポーツでも、テニス肘やランナー膝など身体の酷使により生じる症状があります。趣味でランニングを楽しむ人の実に七〇パーセントが毎年一回はケガに直面しているという驚くべき推計もあるほどです。

こうした実情を考慮すると、たまのケガは運動につきものだと理解することは重要かもしれません。それでも正しいケアをすれば、もとの状態に回復しやすくなります。

Q 捻挫をしてしまったら、どのくらい休養すればいいか？

フィギュアスケートのアナベル・ラングロワ選手は、二〇一〇年冬季オリンピックの一年前、練習中に腓《ひ》骨《こつ》を骨折しました。医師はリハビリのためにあらゆる手段を模索し、そのなかには二回の外科手術も含まれていました。ところが、一つだけ医師が勧めなかった方法があります。それは、ケガをした足を完全に休めることです。

この数十年間でスポーツによるケガに関する医学の見解は変わりました。ケガ直後の激痛と腫れが引いた後は（この期間は数日で終わることもあります）、ケガをした部位を動かしたりわずかに負荷をかけたりするほうが筋肉の治癒が早まり、早期の回復が促され、再発のリスクも減らしてくれるというものです。

この考えは、まだあまり広く受け入れられていません。早すぎる時期に患部を刺激してしまうことにもつながりますし、そもそも人は患部への負荷を本能的に避けようとするからです。

ラングロワは「頭では、ケガをした箇所を守りたいと思っていた」と述べています。しかし主治医は、手術から二週間も経たないうちに足に体重をかけるよう指示したのです。もちろん、まだ骨は折れたままで、手術の傷も完全にはふさがっていない状態でした。「指示を聞いて本当にびっくりしました」と彼女は述懐しています。

早期運動療法の目的は、アスリートをできるだけ早く競技に復帰させることだけではありません。ケガをした部分を長期間かばいすぎると、筋肉が衰えてしまい、治癒プロセスに悪影響が及んでしまうのです。

カナディアン・メモリアル・カイロプラクティック・カレッジで講師を務めるショーン・シスルは次のように説明します。「損傷した筋肉が負荷を与えられずに治癒すると、たいていの場合その筋肉は少し収縮した状態になり、以前よりも弱く、周囲の組織よりも繊維化し、硬くなってしまいます。すると、活動を再開したときに筋肉の結びつきが弱いままになってしまうのです」

二〇一〇年のブラジルの研究（『組織学と組織病理学』に掲載）で、このプロセスが説明されています。筋肉が損傷したラットを安静グループと二つの運動療法グループ（損傷の一時間後に運動を開始したグループと損傷の三日後に運動を開始したグループ）の三つに分け、筋肉の回復を比較しました。運動療法グループはどちらも安静グループよりも多く筋繊維を再生しましたが、繊維化した瘢痕《はんこん》組織が減ったのは損傷の一時間後に運動を開始した早期運動療法グループのみでした。

人間とラットでは回復のスピードが違うので、この結果をそのまま人間には応用できませんが（そもそも、まったく同じケガの状態の被験者を探して同じ実験をするのは至難のわざです）、人間についても早期運動療法の原則は当てはまると考えられます。

ただし条件があります。損傷した筋肉の運動療法を始める前に、瘢痕組織を十分に強くして筋肉の再断裂を防ぐ必要があるのです。この期間中（軽度の損傷なら三〜七日程度）は、RICE処置——すなわち、Rest（安静）、Ice（冷却）、Compression（圧迫）、Elevation（高挙）——により回復を促します。この期間が過ぎたら運動療法を開始してもよいでしょう。

シスルは、はじめは損傷部位を無理のない範囲で動かす程度にし、徐々に負荷を上げ、最後に機能的な活動にまでもっていくのが正しい手順だと説明します。この手順は

ＲＩＣＥのＲ（安静）をＭ（Mobilization、すなわち運動療法）に置き換えてＭＩＣＥと覚えるとよいかもしれません。必要以上に動かしてしまったかどうかは、痛みを目安に判断します。

もちろん、エリートアスリートと違って一般人には経過をしっかりと見守ってくれる医師がいるとは限りません。そのため、リハビリのペースを早めすぎてしまう危険があります。初期の痛みと腫れが一～二日経っても治まらない場合は、医師かスポーツ療法士にきちんと診てもらいましょう。

ただし、多くのスポーツでよく起こる「ちょっとひねった程度」のケガなら、早期運動療法（活動的なリハビリ）の原則を心に留めておく価値は十分にあるといえます。動かせる範囲をできるだけ早期に完全に元どおりにして、筋肉に負荷をかける治療に進みましょう。痛みを感じるほど激しく動かすのはよくありませんが、ケガをかばいすぎて、治癒後の足かせにしてしまうのはもったいない話です。

ポイント

軟部組織のケガの直後にはRICE（安静、冷却、圧迫、高挙）が効果的。急性の腫れが引いたらMICE（運動療法、冷却、圧迫、高挙）に切り替えるとよい。

積極的なリハビリ――足首の捻挫の場合

従来、足首の捻挫の治療といえば、ギプスで患部を完全に固定してしまうことでした。しかし最近では、医師や療法士は機能的リハビリを重視するようになっています。機能的リハビリは、四つの基本的な段階で進めます。

1.関接可動域

軽症の捻挫では、関接可動域の回復プロセスを負傷直後から始められます。

【アキレス腱のストレッチ】タオルを使い、足首を体のほうに引き寄せます。痛みを感じたら手をゆるめます。伸ばした状態を15～30秒保持し、これを5回繰り返します。

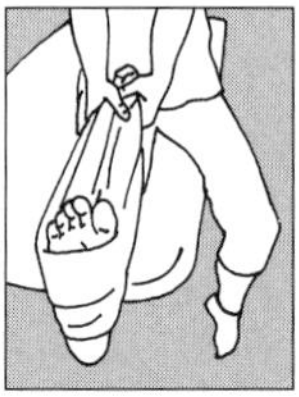

2.漸進的な筋力強化

腫れと痛みが引いたら、床に足の裏を押しつけるなどの単純な静的運動をおこないます。その後、運動に少し動きを取り入れます。

【足首の外反】抵抗をつけるためにゴムバンドを用い、足の甲を外側に向かって引っ張ります。1秒で引っ張り、4秒かけてもとの位置に戻します。

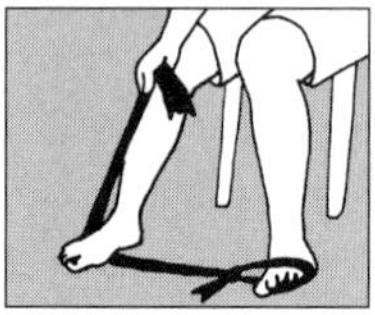

3.固有感覚向上トレーニング

足首に体重をかけても痛みを感じなくなったら、バランスと姿勢制御の回復のためのリハビリを開始し、将来的な捻挫の再発を防ぎます。

【ウォブルボード】椅子に座った状態で足をボードに乗せ、足を離さずに、時計回りと反時計回りにボードを回転させます。次に、立った状態でこれをおこないます。

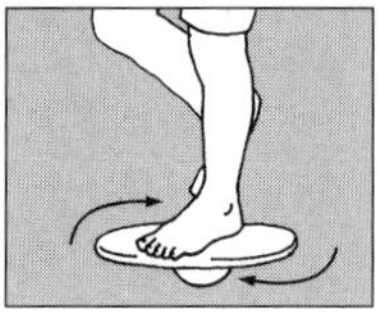

4.活動に合わせたトレーニング

痛みを感じずに歩けるようになったら、回復後におこなう種目や活動に特化した訓練をおこないます。

【8の字運動】まず歩行やランニングから始め、次に、後ろ向きのランニングや、8の字のランニングなど動作の難易度を上げていきます。

Q 運動後の冷風呂で身体の回復は早まるか？

トレーニング後にほかほかの湯船に浸かることほど、魅力的なものはありません。ところがいま、エリートアスリートの間では、そのまったく逆の行為が話題を呼んでいます。一〇～一五度の冷風呂が、骨がきしむほどのタックルに耐えるアスリートや、三時間の厳しいレースを走り抜くマラソンランナーなど、さまざまなアスリートの疲労回復に用いられているのです。

二度のオリンピック出場経験を誇る中距離ランナーのケビン・サリヴァンは、週に何回かは、激しいトレーニング後に冷たい水を張った浴槽に足を浸けると述べています。「レース前に脚の張りや疲労を感じている場合は、レースの前日まで冷風呂を利用します」

冷風呂が良いというのは、運動による筋肉の損傷と関係しています。トロント大学の運動生理学者グレッグ・ウェルズによると、激しい運動は筋肉の「微細な損傷」を引き起こします。それにより筋肉の成長が促され、回復後には以前より強化されます。しかし、この損傷は痛みも引き起こすため、翌日のトレーニングに影響します。

運動後に冷風呂に入ると血管が収縮するので、損傷した部位に溜まった老廃物を早く排出する効果があるのです。「スポンジを絞るようなものです」とウェルズは説明します。風呂から上がって冷えた部分が再び温まると、新鮮な血液が流れ込んで治癒を促進するというわけです。

これが冷風呂の基本的な理論ですが、実験では結果にばらつきが見られます。実験によって手順や条件が異なるため、比較しにくいという問題があるためです。例を見てみましょう。

・二〇〇七年の研究（『ブリティッシュ・ジャーナル・オブ・スポーツ・メディスン』に掲載）では、被験者は五度の冷水に一分間浸かった後で一分間休憩するプロセスを三回繰り返しました。しかし脚のトレーニングを実施した後の痛み、腫れ、筋肉の損傷を示す数値はどれも、室温の水に浸かった場合および冷風呂に浸からなかった場合と比べて改善が見られませんでした。

・二〇〇九年のオーストラリアの研究では、サッカー選手を対象に、一〇度の冷水に一分間浸かった後で一分間休憩するプロセスを五回繰り返しました。その結果、被験者は体温と同じ温度の温水に浸かった場合よりも一日後の痛みと疲れが和らいだと報告しました。ただし、体力の回復速度や損傷を示す数値に変化は見られませんでした。

・二〇〇九年にオーストラリアで実施された別の実験では、被験者は一〇度の冷水に五分間浸かった後で二分半休憩するプロセスを二回繰り返しました。その結果、痛みが和らぐとともに体力とスピードの回復も早まりました。ただし、筋肉の損傷を示す数値にはやはり変化はありませんでした。

三番目に紹介した研究はウエスタンオーストラリア大学によるもので、この研究では、先に述べた条件と手順で得られた結果を、「コントラスト療法」という有名な手法（五度の冷水と四〇度の温水にそれぞれ二分間ずつ交代で浸かるプロセスを六回繰り返す方法）で得られた結果と比較しています。コントラスト療法の目的は、一回だけではなく何回も「スポンジを絞る」ことです。

ところが、この方法で得られた結果は、冷水に浸かるだけの場合の数値よりも悪いものでした。深部の筋肉組織の温度を変化させるには二分間では短すぎたのではないかと考えられています。これは、冷風呂に一分間しか浸からなかった研究で効果が見られなかったことの説明にもなります。

冷風呂の効果を正確に実証することは難しいにもかかわらず、多くの研究者は、冷風呂の治療効果について慎重ながらも楽観的です。ここで紹介した研究の結果を考えあわせると、冷却効果を浸透させるには五〜一〇分を目安にするのがよいといえそうです（靴下を履いたままにすると、より快適です。また、五度より低い温度の冷水は使用しないでください。組織が損傷する危険があります）。

ポイント

一〇度の水に五分間以上浸かると筋肉痛の回復を促進する可能性がある。

Q 温パックや温風呂は身体の痛みを和らげるか？

日本ほど風呂の治癒効果が高く評価されている国はありません。実際、日本での研究によって、風呂にゆっくり浸かった後にストレスホルモンのコルチゾールが低下することが明らかになっています。患部を温めることは、関節炎から慢性的な痛みに至るまでさまざまな症状への対処法としても知られています。ただし、運動によって生じたケガの場合、温めるのがつねに正しい選択であるとは限りません。

昔から、捻挫や打撲など急性のケガは冷やし、数週間から数か月続く痛みは温めるべきといわれてきました。ケガの直後は腫れをともなうことが多く、冷やすと血管が収縮するので腫れを抑えられますが、温めると逆効果になります。一方、慢性のケガは張りをともない瘢痕組織に囲まれている場合が多いので、温めることでケガの周囲の筋肉を柔らかくしてゆるめ、自由に動かせるようになります。

筋肉をゆるめるには、皮膚の温度が三〜四度上がった状態を五分間保持する必要があると研究者は考えています。温パックの問題は、肌に直接置いても、温熱効果が最大でも身体表面から六ミリメートルほど内側にしか届かないという点です。電気毛布、湯たんぽ、サウナ、さらには温風呂でさえ、筋肉の奥深くにまでは到達しない「表面的な」熱源と考えられています（深部の組織を温めるには、超音波や短波やマイクロ波のエネルギーを利用した機械を使う必要があります）。

とすると、温めることに効果はあるのでしょうか？　二〇一〇年にコクラン共同計画が実施した論文レビューでは、温熱ラップが腰痛を和らげる効果については「少数の研究実例で中程度の証拠がある」とされています。

しかし、運動の直前に身体を温めることは一般的ですし、ケガをした筋肉（ケガから回復途中の筋肉）を運動に対して準備させる効果があるという十分な証拠もあります。適切なウォームアップが筋肉と腱を柔らかくしなやかにしてくれるのと同じように、慢性的なケガの部位を集中して温めることで、運動を始める前に損傷した筋肉をできるだけ温まった状態にできます。

二〇〇五年の研究（『アーカイブス・オブ・フィジカル・メディスン・アンド・リハビリテーション』に掲載）では、ふくらはぎの筋肉を温パックで事前に温めておくと、ストレッチをおこなわなくても足首の可動域が広がることがわかりました。この研究では、温パックの最初の温度は八〇度で、気持ちの良い温かさを超えないようタオル越しに一五分間、患部に当てました。短波の機械を使って深部を温めると柔軟性が高まるという結果も出ています。

臨床的なデータからは、身体を温める場合についていくつかの指針が得られます。まず、身体を温めるのは運動の後ではなく前が良いこと。それから、ケガの直後には温めないこと。それ以外では十分な証拠がないため、温めるかどうかは個人の好みになります。温めることで悪影響は生じませんし、日本の研究が示しているように、気分が良くなるかもしれません。

ポイント

温パックは、筋肉の張りや損傷を緩和する効果があるが、それは身体の表面に近い部分

に限られる。運動後ではなく、運動の前にウォームアップの補助として温めるとよい。

Q マッサージはどのくらい効果があるのか？

マッサージの効果を研究するうえでの最大の問題は、プラシーボ効果を制御できないという点です。カナダのスポーツマッサージ療法士協会の元会長は「マッサージは、二重盲検法で実験できない分野です」と認めています。

ですから、二〇〇八年のポーランドのポズナン医科大学による研究の結果に似た話はいくらでもあります。この研究では、被験者に両腕を使って難しい運動をさせ、片腕だけをマッサージして、その後四日間の回復具合を評価しました。その結果、被験者はマッサージを受けたほうの腕が楽になったと報告しました――ただし、腫れや可動域など測定できる指標では、マッサージの有無による違いは見られませんでした。

現在のところ、マッサージの研究のほとんどはこれと同じようなもので、事例証拠はたくさんあるものの、確たる事実に欠ける状態です。とはいえ、ここ数年間では、プラシーボ効果の問題を回避して過去の通説を覆す研究がいくつか出てきました。

長い間、トレーニング後の筋肉痛は乳酸の蓄積により生じ、マッサージには溜まった乳酸を押し流す効果があると考えられてきました。しかし現在、この説は大いに疑問視されています。二〇一〇年のクイーンズ大学の研究では、運動後のマッサージは乳酸の排出を促すどころか、排出を遅らせることが明らかになっています。主任研究員のマイケル・チャコフスキーは、マッサージの手の動きで組織が圧迫され、その結果、血管も一緒に押されるので血液が流れにくくなるためだと考えています。

オハイオ州立大学では、プラシーボ効果の影響を避けるために、ウサギを使ってマッサージの仕組みを研究しました。まず、鎮静状態のウサギに足の筋肉の収縮を引き起こす神経刺激を与え、運動をさせました。次に、スウェーデン式マッサージ（代表的なスポーツマッサージの方式）を真似た「円を描くような圧迫を加える」機械を、運動後のウサギに一日に三〇分間使用しました。

結果は明白でした――運動の四日後、マッサージを受けたウサギは失われた筋力が五九パーセント回復したのに対し、安静にしていたウサギでは一四パーセントしか回復しなかったのです。マッサージを受けた筋肉では損傷した繊維が少なく、また、マッサージを受けたウサギは体重が減っていました。これは、マッサージにより腫れが防止されたためと考えられます。興味深いことに、運動の一日後にマッサージを施した場合には、これほど明白な結果は出ませんでした。つまり、マッサージは早期に受けるほど効果があるということです。

研究主任のトーマス・ベストは、ウサギの結果を人間にそのまま当てはめて考えることはできないと忠告しています。とはいえ、こうした研究結果はマッサージの継続時間や頻度や力加減を解明する助けになるはずです。現在のところ、適切な力加減は感覚によって決まりますが、頻度と継続時間はあなたの懐具合との兼ね合いで決まります。アロマセラピーや会社重役向けのストレス解消マッサージの専門家ではなく、スポーツマッサージの専門知識がある腕利きの療法士を見つけることが何よりも大事といえそうです。

ポイント

マッサージに乳酸を押し流す効果はないが、筋肉痛の回復を早める可能性がある。

Q フルマラソンなどハードな運動から回復するのに必要な時間は？

長時間にわたるハードな運動後の身体の痛みは、ときにレースそのものよりも辛いと感じられるほどです。トライアスロンや長時間のハイキング、長距離レースに参加すると、身体は損傷の原因となるストレスにさらされ、回復には時間がかかります。身体の部位によって、回復に要する時間は異なります。通常、急性の疲労なら一〜二日で消え、免疫システムは最長で七日前後低下します。筋肉の疲労は数週間続くことがあります。

ここ数年、長時間の持久系スポーツが心臓障害を引き起こす可能性があるという懸念が高まっています。運動の間、数時間にわたって非常に高い心拍数が続くためです。いくつかの研究では、マラソン後のランナーに心筋の損傷を示す酵素が測定されるなど「心外傷」が生じることを示す証拠が見つかりました。

これらの主張を精査するために、カナダのマニトバ大学では、磁気共鳴画像法（ＭＲＩ）を使用して、マニトバ・マラソン大会の参加者の心臓を詳細に分析しました。その結果（二〇〇九年に『アメリカン・ジャーナル・オブ・カーディオロジー』に掲載）、マラソン直後には損傷の証拠が見られたものの、心機能は一週間以内に通常状態に戻っていたことがわかりました。つまり、マラソン中は心筋に負担がかかるものの、その後は脚の筋肉と同じように回復するということです。

脚の痛みは、レースの翌朝に階段を下りるときや、ベッドから起き上がるときさえ辛いといったことでもわかるため、心筋のダメージよりもはるかに知覚しやすいといえます。このような遅発性筋肉痛（DOMS）は、レース後一〜二日間でピークを迎え、最長で一週間ほど続きます。痛みがそれよりも長引く場合には、より深刻な損傷の可能性があるので臨床医に診てもらうほうがよいでしょう。

痛みが消えてからも、筋肉疲労が数週間ほど続くことはよくあります。二〇〇七年のデンマークの研究では、十分にトレーニングを積んだランナーを対象にマラソン一週間後に調査をしました。その結果、痛みはもはや問題ではなくなっていました。電極を使用して筋収縮を起こしたところ、筋肉自体は完全に回復していることがわかりました。しかし、被験者が自主的に筋肉を収縮させようとしたところ、レース前よりもかなり筋力が落ちていたのです。この結果から、マラソン後も続く疲労は神経筋に由来しているということが考えられます。脳が筋繊維に送る信号が送信経路の途中で妨害されているのです。

研究者たちの努力にもかかわらず、回復プロセスを早める方法はまだ解明されていません。一九八四年の実験では実績のあるマラソンランナーを二グループに分け、片方のグループはレース後一週間は完全に休養させ、もう片方のグループは一日に二〇～四五分ほど走らせました。一週間後、休養したグループでは運動を続けたグループよりも足の筋力が回復し、筋肉に蓄えられたエネルギーも若干高いレベルを示しましたが、それほど大きな差はありませんでした。

別の複数の研究でも似たような結果が出ていることから考えると、様子を見ながら徐々に練習に復帰するのが良いといえそうです。レース後四～五日間は、いきなりランニングを再開するのではなく、ウォーキング（または負荷の少ないサイクリングや水泳）から始めると良いでしょう。

その後は時間の経過とともに運動の強度を上げていき、レース後から二週間を目安に通常のトレーニング量に戻します（逆テーパー方式）。重要なのは、身体の状態に合わせた柔軟な対応です。三週間経ってもまだ足が重く感じられるなら、それは限界近くまで頑張った証拠です。自分をほめてあげましょう。回復の時間をもう少し長めにとるのもお忘れなく。

ポイント

マラソンなどの苛酷な運動後、身体はおよそ一週間以内で通常の状態に戻るが、神経筋

疲労は数週間ほど続く場合がある。

Q 疲労骨折のリスクを減らす方法とは？

二〇一〇年冬季五輪の男子フィギュアスケートで、エヴァン・ライサチェク選手は疲労骨折を乗り越えて、みごと金メダルを獲得しました。タイガー・ウッズは左足を二度も疲労骨折しています。疲労骨折はアスリートにとってごく身近で、かつ恐ろしいケガといえます。ランニングやジャンプをおこなうスポーツでよく見られる疲労骨折は、最低でも八〜一〇週間の休養をとるしか治す方法がないため、アスリートにとってこの診断が下されることはシーズンの終了を意味するからです。

骨は生きている組織で、つねに破壊と修復をバランスよくおこなっています。繰り返し衝撃を受け蓄積されるダメージが修復のペースよりも早いと、微細なひびが骨に入りはじめ、複数のひびが徐々につながって最終的に疲労骨折が生じます。疲労骨折は何週間、何か月もの衝撃が繰り返し積み重なってできる髪の毛ほどの細さのひび割れです。

疲労骨折を避けるための、もっともシンプルかつ重要なアドバイスは、丈夫で健康な骨をつくることです。とはいえ最近の研究により、疲労骨折のリスクを減らす要因はもう二つあると示唆されています。

アイオワ州立大学の研究ではコンピュータモデルを使って、歩幅を変えることによる骨の損傷・回復効果を推測しました。基本的には、歩幅を短くすると一マイル（約一・六キロ）ごとの歩数（および骨に響く衝撃の回数）は増えますが、一歩ごとの衝撃は若干小さくなります。この研究では、一〇人のランナーにさまざまな歩幅でトレッドミルを走らせました。データを解析した結果、歩幅を一〇パーセント短くすると、疲労骨折のリスクを三〜六パーセント減らせることがわかりました。

ランニング時の歩幅を変えるのは、簡単ではありません。しかし、他の複数の研究でも、経験の浅いランナーの故障は主に歩幅が大きすぎることに起因するという結果が出ています。エリートランナーはランニングの速度にかかわらず一分間に約一八〇歩を刻みますが、経験の浅いランナーはそれよりも歩数が少ないのです。歩幅を短くして回転を速くすれば、疲労骨折のリスクを低減させられそうです。

疲労骨折を防ぐもう一つの方法は、ミネソタ大学による研究の結果から見えてきます。三九人の女性ランナー（半数は疲労骨折の経験あり）を対象に、骨と筋肉の大きさ、構造、密度を測定したところ、予想どおり疲労骨折したことのあるグループはすねの骨が七〜八パーセント小さく、九〜一〇パーセント弱いという結果が出ましたが、そうした骨の数値の違いは、ふくらはぎの筋肉の大きさに比例していました（疲労骨折した経験の有無と骨密度には関連が見られませんでした）。

つまり、疲労骨折のグループに属していた被験者は、カルシウム不足のせいで疲労骨折したわけではなかったのです。彼女たちの骨が弱かったのは、足の筋肉が不足していたためでした。

それなら対処方法は簡単。ふくらはぎを鍛えるカーフレイズなどで筋肉を強化すればよいのです。筋肉が増えれば、走ったり跳んだりしたときの衝撃を和らげやすくなり、すねの骨を強化する効果もあります。これが当てはまるのは、すねだけではありません。あらゆる骨の強化に最適の方法は「骨を包む筋肉」の強化なのです。

ポイント

疲労骨折を起こさない強い骨をつくるには、骨の周囲の筋肉を強くするのが最善の方法である。またランニング時のストライドを短めにするのも効果的。

Q 体調が悪いときも運動したほうがいいか？

この質問の答えははっきりしています。体調が悪いとき、身体は、その原因を撃退するための体力を必要としています。ですから、わざわざ運動してよけいな体力を使うことはありません。とはいっても運動が日常生活の一部になっている人は、多少調子が悪いときに運動しても症状が悪化しないかどうかを知りたいはずです。

深刻な病気の場合には当然、運動は避けるべきです。問題は、軽い風邪などで気分はよくはないけれど、衰弱しきっているというわけでもないという場合です。これについては、ホール州立大学（インディアナ州）で運動競技のトレーニングプログラム担当主任を務めるトーマス・ワイドナーが提唱した「首チェック」というルールが用いられることが多いようです。体調不良が首から上の症状（くしゃみや鼻水やのどの痛みなど）なら運動してもよく、首から下の症状（発熱や筋肉痛や咳など）なら様子を見たほうがいいというものです。

ワイドナーは、一九九〇年代に二つの少々風変わりな研究に携わりました。被験者をライノウイルス（典型的な風邪ウイルス）に感染させて、風邪のときに運動してもよいかどうかを調べた数少ない研究です。

最初の研究では、ウイルスを注入された四五人の被験者は、翌夕からのどの痛みを訴えはじめ、三日目には本格的な症状に発展しました。ワイドナーは、病状が最悪の状態にある被験者にトレッドミルを使った検査を受けさせ、その結果を健康なグループと比較したのです。結果は意外なものでした。ランニングの成績や肺機能など生理反応のどれをとっても、両グループに違いは見られなかったのです。つまり、風邪を引いてもアスリートとしてのパフォーマンスが低下するというわけではないのです。

二つ目の研究では、風邪ウイルスに感染した被験者五〇人のうち半数に、最大心拍数の七〇パーセントでの運動を一日おきに四〇分間おこなわせ、もう半数は安静にさせました。その結果、両グループの症状の重さと継続期間には差は見出せず、意外にも運動をしたグループのほうが安静にしていたグループよりも少しだけ気分がよくなったと報告しました。

この二つの研究は一〇年以上も前のものですが、ワイドナーによると、この実験に対する反証は現在に至るまで一つも出ていません（進んで風邪を引きたいという被験者を集めるのは容易でないことも考慮すべきかもしれません）。

風邪を引いているときの軽い運動が気分を若干よくするというワイドナーの発見を裏づける事例はたくさんあります。一般的には、軽い運動によって気道の通りや血の巡りがよくなるので症状の回復が早まったり、すっきりした気分になる効果があると考えられています。

また、中程度の運動による免疫機能の向上効果は十分に実証されています。マウス実験では、四五分間のトレッドミル走でウイルスに打ち克ちやすくなる効果があるという研究結果もあります。体調不良時に身体を動かすことにはメリットがありそうです。ただし、少なくとも現時点では、風邪のときに軽い運動をしても症状が悪化することはない、という程度の理解に留めておくのが無難といえるでしょう。

ポイント

鼻水やのどの痛みなど「首から上」の症状なら、風邪を引いていても運動による悪影響はない。場合によっては、少し回復が早まることもある。

Q 少量のアルコールでも翌日のトレーニングに影響するか？

これは、どのくらいの量を「少量」とするかによります。二〇一〇年、ニュージーランドのマッセイ大学が、ある研究結果を発表しました。激しいトレーニングの後に「適量」のアルコールを摂取した場合、筋肉の回復が遅れるというのです。

脚の運動をおこなった被験者は、運動後九〇分の間にオレンジジュースかスクリュードライバー（ウォッカとオレンジジュースを混ぜたカクテル）のどちらかを飲んで就寝しました。その後の三日間、両グループ間で脚の痛みについての差は見られませんでしたが、筋力の損失については、アルコールを摂取したグループのほうが一・四〜二・八倍も大きかったのです。

ただし、この研究での「適量」は体重一キログラムにつきエタノール一グラムでした。平均体重が八七・六キログラムだった被験者たちにとって、アルコール度数が五パーセントのビール六・五本分に相当します。この研究論文の主筆であるマシュー・バーンズは次のように述べています。「科学論文で報告されているアスリートの膨大な飲酒量と比べれば、この研究の飲酒量は『適量』です。これはニュージーランドに限ったことではなく、接触型スポーツがさかんな西洋諸国の大半に当てはまります」

たしかにアスリートの驚異的な飲酒量については、多くの論文で取り上げられています。バーンズはラグビー選手を対象にした研究で、試合後の飲酒量がビール二二本分にもなった事例を挙げています。一般人の平均的な飲酒量はこれよりもはるかに少ないため、バーンズは運動後の摂取アルコール量を半分（体重一キログラムにつきエタノール〇・五グラム）にして追跡研究を実施しました。

その結果、喜ぶべきニュースが発表されました（『ヨーロピアン・ジャーナル・オブ・アプライド・フィジオロジー』に掲載）。この研究では、アルコールのグループとオレンジジュースのグループで筋肉の回復に差が見られなかったのです。

現在、バーンズらはさらに研究を進めています。その結果、アルコールの摂取量が多くなると、筋肉自体ではなく中枢神経系に影響が生じ、脳から筋肉に送られる信号が弱まることが示唆されています。筋肉や、コルチゾールとテストステロンといったホルモン濃度にもなんらかの変化が生じている可能性もあります。

バーンズは、トレーニング後の飲酒から回復するプロセスには、水分と炭水化物の補給も関係していると述べています。アルコール度数が四パーセントを超える飲料には利尿作用があります。たとえば、アルコール度数の強い酒をスタンダードショット（二五ミリリットル）で一杯飲むと、その四倍の量（一〇〇ミリリットル）が尿として体外に排出されてしまいます。この問題は簡単に解決できます。そう、アルコールと水を一杯ずつ交互に飲めばよいのです。

トレーニング後にきちんと回復するためには、運動終了後の二時間で貯蔵エネルギーを補給することがきわめて重要です。いくつかの動物実験では、アルコールによって炭水化物の貯蔵量の回復力が阻害されるという結果が出ましたが、これについてはまだ議論の最中です。

明らかに問題なのは、アルコールの摂取によって、有効なカロリーの摂取量が減ってしまう場合です。二〇〇三年にオーストラリアの自転車選手を対象におこなった研究では、トレーニング後の食事でアルコールを摂取した場合、炭水化物の貯蔵量に変化はありませんでした。ところが、トレーニング後の食事のカロリーを減らしてその分をアルコールのカロリーで補った場合、八時間後の炭水化物の貯蔵量は食事+アルコールの場合と比べて五〇パーセント低く、二四時間後も低いままでした。

これらの研究結果は、一晩に一~二杯飲む程度なら健康やパフォーマンスに悪影響はないという通説と一致しています。実際、飲酒量が少量または適量であればさまざまなメリットがあるほか、心疾患のリスクも二〇~四〇パーセント低くなるといわれています。

とはいえ、ニュージーランドのラグビー選手と飲みに出かける夜は要注意です。そんな日は、トレーニングを軽めに抑えましょう。少なくとも、その後の数日間は自己ベストの更新は期待しないことです。

ポイント

二～三杯の飲酒なら翌日のトレーニングに影響はないが、四～五杯（ただし、その人の体重によって異なる）以上になると筋肉の回復が遅れたり、必要な栄養素の摂取が阻害される可能性がある。

第8章 スポーツと老化

スポーツと老化に対する認識は、この数十年間で劇的に変化しています。これは、二〇〇四年に七三歳のエド・ホイットロックがマラソンでサブスリー（三時間以内で完走すること）の新記録を打ち出したことでもわかります。二時間五四分四八秒というタイムは驚異的なもので、完走者約一四〇〇人のなかでも二六位につけるものでした。

このように、高齢者の身体能力は、これまでに考えられていたよりはるかに順応性があることがわかりはじめています。しかし「使わなければ衰える」ことも数々の研究が明らかにしています。肉体的、精神的な若さを維持するためにはどんな運動をすればいいか熱心に研究されているのも、そのためだといえます。

しかし、ホイットロックのようなアスリートにとって一番気がかりなのは、老いていく肉体に運動が及ぼす効果ではなく、加齢が五キロマラソンのタイムに及ぼす影響です。

「マスターズ」（通常は四〇歳以上が対象となる）は、北米で急速に広まっているスポーツの大会です。優れた選手たちの経験からは、モチベーションの保ち方や年齢に応じたトレーニング方法などについて、貴重な情報を得られます。

Q スポーツを長年続けることで身体にはどのような影響があるか？

若いときに身体を痛めつけると、よほどうまくケアしないかぎり五〇代であちこちにトラブルを抱えるはめになります。競技場やスケートリンク、ジョギングコースにいた当時の自分に償ってほしいと思うかもしれません。時計の針は戻せませんが、老化の進行は遅らせることができます。あらゆる老化現象――筋力の低下、体重の増加、動脈硬化、関節硬化など――は運動で遅くできるのです。

運動で予防できるのは身体の疾患だけではありません。脳へ送られる血液の循環がよければ認知機能の低下を防げますし、運動が細胞の老化を減速させることも報告されています。

有酸素運動が、緑内障、黄斑変性症、白内障の発症リスクを飛躍的に低下させることも、二〇〇九年にローレンスバークレー国立研究所のポール・ウィリアムズの研究によってわかっています。有酸素運動と眼圧の間には因果関係が存在するかもしれませんが、重要なのはその具体的な作用についてではなく、疫学研究のおかげで運動が最高の老化防止策だと判明したことです。

当然ながら、多くの競技スポーツは身体に故障をもたらします。サッカーやホッケーの経験者は、変形性膝関節症の発症率が高いといわれています。二〇〇六年のスウェーデンの調査によると、サッカーやホッケー選手が変形性膝関節症を発症する割合は、現役時代の膝の損傷と完全に一致していました。

二〇〇八年にチュニジアのプロサッカーチームに所属していた四五歳以上の元選手を調査したところ、現役時代に深刻な膝の故障をしたことがない選手は、他の選手よりも痛みや機能的な不具合が少ないこともわかっています。

変形性関節症を起こすような故障をしてしまったら、ランニングで改善してみるのもよいかもしれません。ランニングの効果は最近の研究で実証されているからです。まわりに膝痛を訴える高齢者ランナーがいる人にとっては信じられない話に聞こえるかもしれませんが、ウィリアムズらのデータによると、運動をしない人ほど年を重ねるごとに痛みが増していくことが明らかになっています。

ウィリアムズはこう述べています。「高齢者ランナーにとって、運動の効果はいかに肉体が変化するかではなく、いかに肉体が変わらないかです」

ポイント

三〇代半ばを過ぎると、筋肉量は毎年二〜三パーセント、有酸素能力は一〇年ごとに約九パーセント減少していく。しかし日常的に運動することでこの進行は遅らせられる。

肉体の老化プロセス

定期的な運動には、老化を遅らせる効果があります。ただし、米国スポーツ医学会は、運動と身体活動に関して「どれだけ身体を動かしても、生物学的な老化プロセスを完全に停止することはできない」と述べています。主な老化プロセスを見てみましょう

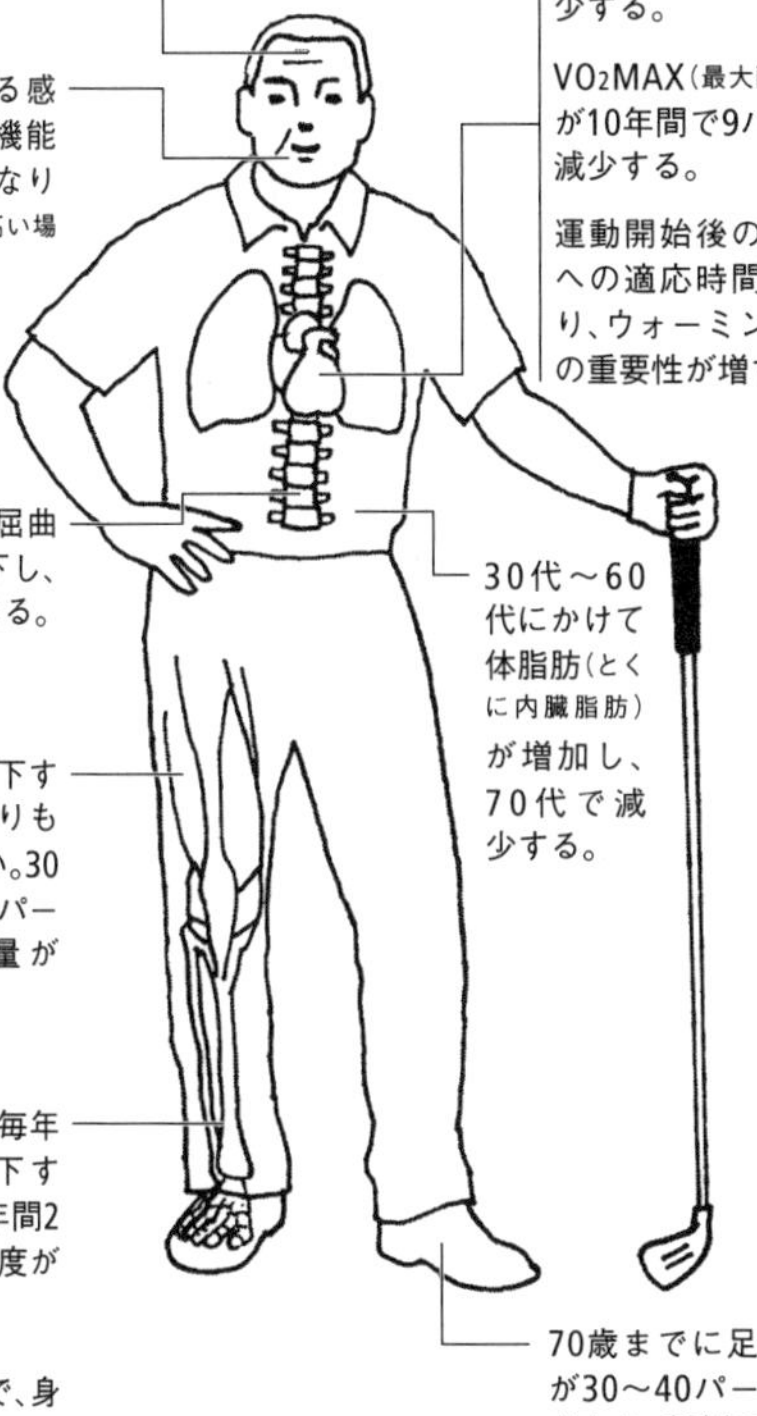
感覚器、信号伝達細胞などが衰えてバランス感覚が悪くなる。反応時間が遅くなる。

のどの渇きに関する感覚や水分を蓄える機能が衰え、脱水症状になりやすくなる（気温が高い場合はとくに）。

70歳までに腰椎の屈曲が20パーセント低下し、腰痛のリスクが高まる。

40歳以降、筋力が低下する。衰えは上半身よりも下半身のほうが早い。30歳以降は、年間1～2パーセントずつ筋肉量が減っていく。

40歳以降、骨密度が毎年0.5パーセント低下する。女性は閉経後、年間2～3パーセント骨密度が低下する。

40代～50代の10年で、身長が約1センチ低くなる。

最大心拍数が年間0.7拍短くなる。1拍当たりで拍出される血液量も減少する。

VO_2MAX（最大酸素摂取量）が10年間で9パーセント減少する。

運動開始後の酸素摂取への適応時間が遅くなり、ウォーミングアップの重要性が増す。

70歳までに足首の屈曲が30～40パーセント狭くなり、転倒のリスクが高まる。

Q ランニングは膝に悪い？

この問題は、ランニングを始めたいと思っている人を躊躇《ちゅうちょ》させ、経験豊富なランナーをも不安にします。日常的にランニングをしていると、膝の痛みを感じることもあるでしょう。「楽しみのためにしている運動のせいで、一〇年か二〇年後に足をひきずることになったらどうしよう」と心配になるのも当然です。幸い、こうした不安を解消してくれる研究結果が、この数年で発表されるようになってきました。

まず、二〇〇八年にオーストリアの放射線科技術者チームが、ランナー七人の膝をMRI撮影したデータを紹介しました（専門誌『スケルタルラジオロジー』に掲載）。被験者たちは、一九九七年のウィーンマラソンへの参加前にもMRI撮影に協力しています。MRIによる診断では、レントゲンしかなかった時代に比べ多くのことがわかります。調査結果によると、ランニングを続けていた六人には、新たな膝関節の損傷は見られませんでした。しかし走ることをやめてしまった一人だけは、膝関節がひどく悪化していたのです。

スタンフォード大学の長期研究では、一九八四年以来、ランナー四五人と非ランナー五三人に定期的なレントゲン検査をおこなっています。最新の結果が二〇〇八年に医学誌（『アメリカン・ジャーナル・オブ・プリベンティブ・メディスン』）に発表されました。初回検査から一四年が経過した段階で、膝の骨関節炎（代表的な関節炎）の発症率はランナーが二〇パーセント、非ランナーは三二パーセントでした。

この二つの研究により、ランニングは膝を悪化させるものではなく、むしろ損傷を予防するものであるという仮説に信憑性が出てきましたが、スタンフォード大学のエリザ・チャクラバルティ博士は「データが限られているので現時点では結論を出せません。〝膝の保護〟だけのためにランニングを強く勧めることはできません」と述べています。

それでも、この仮説には説得力があります。米国スポーツ医学会は、体重が四五〇グラム増加すると、膝にかかる負荷が一八〇〇グラム増すと報告しています。毎年四五〇グラムずつ体重が増えると、一〇年後には変形性膝関節症の発症率は五〇パーセント高くなることになります。こうしたことからも、減量効果のあるランニングが膝を保護するという説は有力だと思われます。

ただしこの二つの研究には、被験者が偏っているという欠点があります。どちらの被験者も深刻なケガをしたことのないアマチュアランナーでした。検査の精度を高めるためには、「ランナーと非ランナー」の対比ではなく一般人から無作為に被験者を選ぶべきです。

その意味で興味深いのは長期に及ぶフラミンガムの心臓の専門家による調査です。九年間をかけて一二七九人の医学面とライフスタイル面の包括的なデータを検証してみたものの、運動（ランニングを含む）と変形性膝関節症との関係性は見つかりませんでした（二〇〇七年の『アースライティス・アンド・リサーチ』に掲載）。

当然ですが、運動は実利的な効果のためだけにおこなうものではありません。オーストリアの被験者（三七度目のマラソンに出場予定）は、研究者ウルフガング・クランプラ宛てのEメールにこう書いています。「たとえ膝のうずきや痛みを抱えることになっても、この〝生きる歓び〟に優るものはありません」

ポイント

「ランニングは膝を痛める」という従来の常識とは異なり、非ランナーに比べるとランナーのほうが関節炎発症率が低いことがわかっている。

Q 年齢に合った運動をすべきか？

二〇〇八年の北京オリンピックでは、若い選手顔負けの成績を残した中高年選手の活躍ぶりが話題を呼びました。四一歳の水泳選手ダーラ・トレスは三つの銀メダルを、三八歳のマラソン選手コンスタンティナ・ディタは金メダルを獲得しました。馬術（障害飛越団体）のイアン・ミラーも、六一歳という年齢にもかかわらず銀メダルに輝きました。ただし、一般的な中高年者はこれらの突出した選手を目指す必要はありません。

いま、マスターズ競技（競技によって違いはあるものの、四〇歳以上と定義されることが多い）の参加者が、研究対象として注目を集めています。北米では、マスターズ競技会の人気が急速に高まっています。オタワ大学のブラッドリー・ヤングは、トレーニングへの情熱を数十年にわたって維持し、レベルの高い競争へと駆りたてる原動力は何かについて探究しています。週末アスリートが、歳をとっても活動的でいられる秘密はどこにあるのでしょうか。

ウィスコンシン大学ラクロス校のスポーツ科学者カール・フォスターによれば、トレーニングの基本原則は中高年でも若者と変わりません。身体への刺激とその回復時間が適切に保たれていると、ケガのリスクが減り、タイムや瞬発力の低下をもたらす老化によるホルモン変化も抑えられると考えられています。フォスターは、老化にともなう筋力の低下を食い止めるために、ウエイトトレーニングをすべきだと提案しています。これは、痩せ型の持久力系アスリートにとくに当てはまります。

また、マスターズに参加した選手を調べてみると、成績上位者ほどケガが少ないことがわかりました。偶然の一致と思われるかもしれませんが、成績とケガの関係は、それほど単純なものではありません。「優れた結果を出す選手は優れた遺伝子を受け継いでいる可能性はありますが、後天的な賢明さという要素も見過ごせません」とヤングは述べています。ヤングが「意図的な回復」と呼んでいる、厳しい練習の合間に挟む休息日はパフォーマンスを向上させます。毎日同じ動作を反復しても若いころほど回復力がない高齢者には、専門種目以外のトレーニングをおこなうクロストレーニングが適しています。

ヤングの調査によると、マスターズで活躍する一流選手はハードなトレーニングを継続的におこない、弱点を補うメニューも積極的に取り入れていました。たとえば、高齢者の長距離ランナーで上位につける選手は、持久力の強化に多くの時間を充てています。しかし本当に大切なのは、トレーニングの一貫性と連続性です。オリンピックで偉業を成し遂げた中高年選手から得られる最大の教訓は、六か月ホッケーをしたら残りの六か月はパフォーマンスを上げるために別の運動をする、ということかもしれません。

ポイント
マスターズで好成績を収めている選手は、短い休憩を挟みながら連続してトレーニングをしている。強化ポイントを絞り、回復時間を十分にとることでケガを回避することも重要。

Q パフォーマンスは加齢とともに低下するか？

パフォーマンスが年齢に応じてどのように低下していくのかを知るには、各競技の年齢別の世界記録のグラフが参考になります。どの種目でも似たような傾向が見られます。記録は三五歳前後を境にゆるやかに下降しはじめ、一〇年単位で下降線が急になります。三〇代以降の健康な成人は、一〇年ごとに有酸素運動では約九パーセント（最大酸素摂取量による計測）、最大心拍数は七回、筋肉は一〇パーセント減少します。

ただし、すべてが同じ割合で低下するわけではありません。一〇〇メートル走とマラソンの世界記録を年齢別に比べると、急降下するのはタイムよりも持久力だとわかります。この傾向は水泳でも同じです。男性より女性のほうが減少率が著しいこともわかっていますが、それが生理学的な要因によるものかどうかはわかっていません。女性の記録が中高年で極端に落ちる理由は、年齢が進むにつれ男性ほどスポーツに興味をもたなくなるからだとも考えられています。

年齢別のデータは、長い年月をかけて人体がどう変化していくのかを包括的にとらえるのに便利です。しかし、個人の体力の推移を知りたい場合にはあまり参考になりません。なぜなら、研究で用いるデータは最高記録をもとにしているからです。一瞬の最盛期が過ぎてしまえば、健康上の問題やモチベーションの低下などの理由で自己ベストからはどんどん遠ざかっていくものです。ですが、年齢別に比較した「横断面」データと、特定の個人を長期間にわたって観察した「時系列」データでは、パフォーマンス動向が大きく異なります。その違いは希望を与えてくれるものです。

マスターズの陸上選手を対象にした一九八二年の研究（『エクスペリメンタル・エイジング・リサーチ』に掲載）から、横断データより時系列データのほうがゆるやかな下降線を描くことがわかりました。遅かれ早かれタイムは落ちるものです。しかし継続的にトレーニングをすれば、下降の速度を（少なくともしばらくは）抑えられるのです。

ランニングや水泳などの競技でパフォーマンスレベルを確認したい場合は、エイジグレード（年齢にもとづいた数値レベル）テーブルを用いることで、自分がどの程度に位置しているかを統計分析にもとづいてパーセンテージで算出できます。健康で意欲があり、継続的にトレーニングをすれば下降は止められます。むしろ、年齢を重ねるごとに、エイジグレードを伸ばしていける可能性もあります。

ポイント

年齢とともに低下する割合が高いのは瞬発力より持久力。日常的な運動は、その低下を遅らせる。

加齢によるパフォーマンス低下を抑える

年齢別の100メートル走とマラソンの記録を比較すると、短距離よりも長距離のほうが早く老化の影響を受けることがわかります。女性は男性よりも早くパフォーマンスが低下していますが、これは高齢者の女性がスポーツ競技への参加が消極的であることも示唆しています。

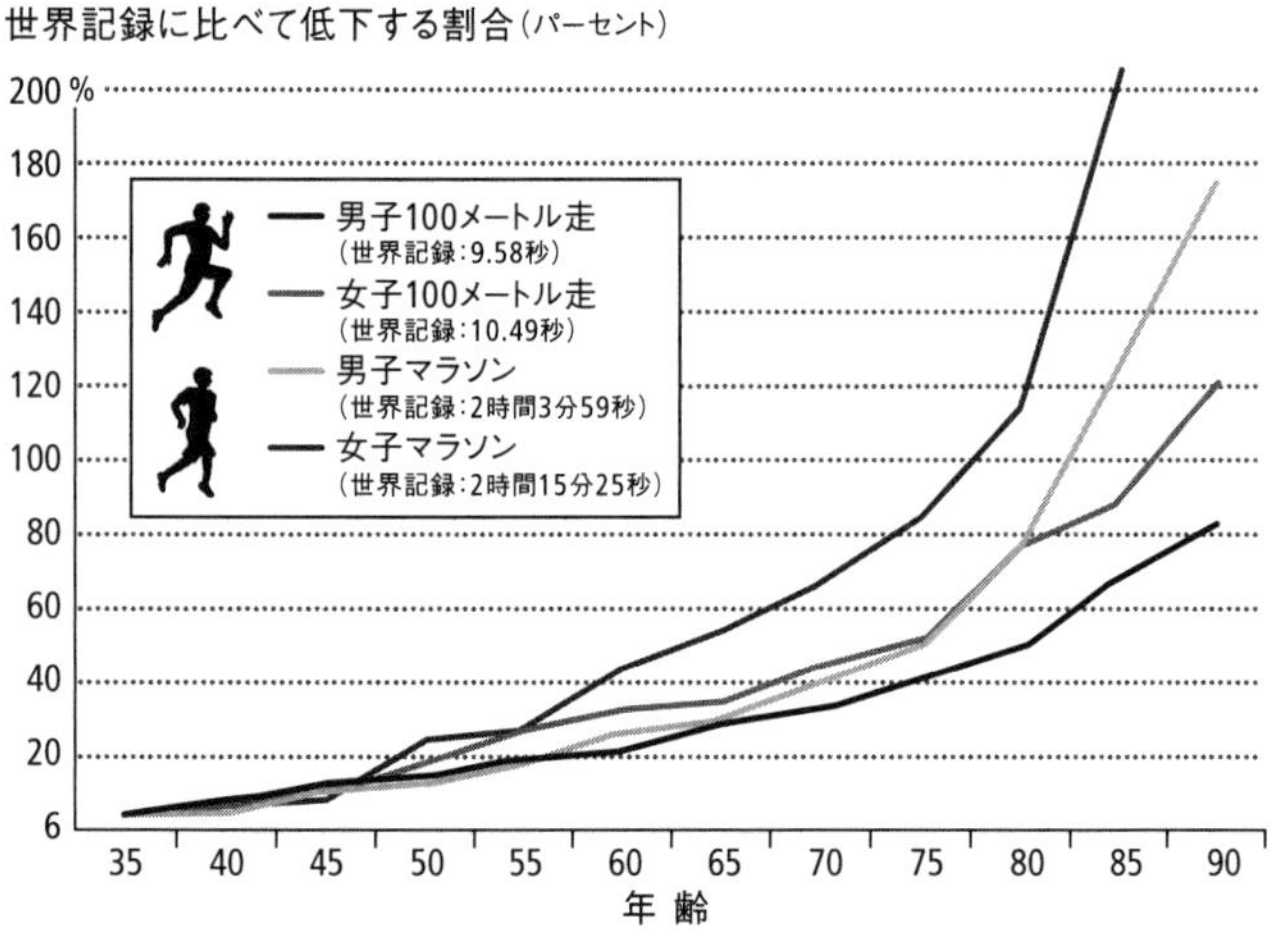

Q パフォーマンスが低下したとき、どうモチベーションを保つか？

二〇〇四年にエド・ホイットロックが七〇代としてはじめてフルマラソンを三時間以内で完走できたのは、地道な厳しいトレーニングのおかげです。彼は毎日、近所の墓地のまわりを二～三時間走っていました。ホイットロックには、優れたマスターズの選手に共通する特長が二つあります。健全な肉体と、(あまり知られてはいませんがとても大切な)モチベーションの維持です。

五〇代のころにタイムが芳しくなかった理由を尋ねられたホイットロックは、モチベーションについてこう言及しています。「弁解に聞こえるかもしれませんが、仕事が忙しかったのです。五〇代は気持ちが集中できないまま走っていました。計画を立てて真剣に取り組んでいれば、もっと良い結果を残せたはずです」

老化にともない体力が衰えることは、さまざまな研究で証明されています。しかし、加齢とともに成績が低下する原因がたんなる生理学的な理由だけではないことを裏づける、有力なマウス実験の結果もあります。トレッドミルを好きなときに制限なく使える環境にマウスを置くと、時を追うごとに潜在的な活動力が失われていきます。加齢による動きの鈍さや体力の減退のせいで練習量が減るのか、練習量が減るから老化が進行するのかは、「鶏が先か、卵が先か」のような問題です。実際はその中間のどこかにあるようです。

この実験からもわかるように、モチベーションは目標達成に欠かせない要素です。オタワ大学のブラッドリー・ヤングらがマスターズの一流選手を調査したところ、個人的モチベーションと社会的モチベーションがうまく連動すると、五〇代を過ぎても高水準のトレーニングを維持できることがわかりました。

個人的モチベーションについてはよく知られています。まず、身体を動かすことの喜びがあります。高齢アスリートの大半が、トレーニングを続けている理由としてこれを挙げています。次に個人的な目標達成への意欲、健康増進と続きます。社会的モチベーションには、家族や練習仲間などから得られる「ポジティブな動機」と、トレーニングをしていない自分への罪悪感などの「ネガティブなプレッシャー」が混合しています。

モチベーションはきわめて個人的なものであり、それを維持するための万人に当てはまる方法はありません。しかし、運動を通じて仲間から良い刺激を受けたり、家族や友人から応援されたりすれば、たいていの人ならやる気が高まるものです。

フラミンガム心臓研究のデータを三〇年にわたり調査している専門家は、健全な肉体と習慣的な運動には密接な関係があると述べています。またヤングは、もっとも強力な社会的圧力は配偶者であると述べています。ホイットロックもこれに同意するはずです。一五年間のブランクを乗り越えて四〇歳でマスターズに出場すると決意したのは、他でもない妻の後押しがあったおかげなのですから。

ポイント
高齢者のタイムが落ちるのには、モチベーションの低下が肉体の老化と同じくらい影響している。家族や友人の励ましは、良い意味でのプレッシャーとなりモチベーションを保つ助けになる。

Q 水中でおこなう運動のメリットとデメリットは？

健康のために運動をしなければいけない人ほど、運動を始めにくい状況にあるものです。関節炎を患っていれば関節が痛みますし、太っていれば体重の負荷でケガをしやすくなります。高齢者は転んで骨折しかねません。

こうした難題をすべて解決できるのが水中での運動です。水中エアロビクスやアクアフィットネスといったクラスのあるスポーツジムも多いでしょう。衝撃の少ない水中運動であれば、運動によるケガを回避しやすくなります。しかし最近では、水中か陸上かにかかわらず運動効果は変わらないという意見もあります。

水中エアロビクスと水泳の決定的な違いは、水中で立つか水に浮くかです。水圧は下へいくほど強いので、脚には胸部よりも強い水圧がかかります。そのため、血液が手足から心臓へと送られるときの負担は、陸上に比べ水中のほうが少なくなります。これは心拍数が低くなることも意味します。つまり、水中で陸上と同等の有酸素運動の効果を得たければ、陸の上よりも激しく動かなければいけないのです。

それでも多くの研究者が、水中運動は身体に不安を抱える人に適していると報告しています。二〇〇九年の研究では腰痛患者に四週間の水中プログラム（エアロビクス、ストレッチ、筋力強化など）をおこなわせたところ、同じプログラムを陸上でおこなった場合と比べて飛躍的な改善が見られました。水圧と水温が運動中の痛みの伝達を軽減し、浮力が関節と筋肉の負担を軽くしたことで、可動域が広がったためではないかと推測されています。

さらに股関節や変形性膝関節症をもつ患者を調査すると、短期的に大きな効果があることがわかりました。ただし、その継続性についてはさらなる調査が必要であるともしています。高齢者ほど、関節痛、バランス感覚の衰え、骨密度の低下などのさまざまな身体のトラブルを抱えています。高齢者にとって、水中運動ほど魅力的なものはないでしょう。

六二〜六五歳の女性五〇人を対象におこなった二〇〇八年の研究では、水中運動は陸上でのウォーキングよりも心血管系の状態、瞬発力、柔軟性を大きく改善させることもわかりました。もちろん、水中でのエアロビクスやストレッチや柔軟運動と、たんに歩くことを比較するのは公正さに欠けるかもしれません。ポイントは、陸上よりも水中での運動が優れているということではなく、水中では陸上ではできない運動を痛みをともなわずにおこなえるということです。

ただし、水中トレーニングのメリットは実はそれほど大きなものではないと指摘する見方もあります。二〇〇九年にフランスの研究者が、慢性心不全や冠動脈疾患のある被験者に水中運動を三週間続けさせました。死亡リスクが低下するという予測に反し、現実には血管内の一酸化窒素量が上昇していました。

あくまで仮説ですが、水圧による血液循環の変化が、（先に述べた心拍数の低下に加え）心臓血管系にさらなる負担をかけたことに起因している可能性があります。現段階では、この答えは明確になっていません。

ポイント

水中エアロビクスのような運動は関節への負担が少なく、転倒するリスクもない。水圧のため心拍数は低くなるものの運動効果は陸上とほぼ同等である。

Q 骨密度を維持するための運動とは?

ここでのポイントは「維持」です。成人の骨格の九五パーセントは女性で一七歳、男性で一九歳までに形成されます。いったん骨格ができあがってしまえば、その後、確実に進行する骨質劣化を完全に抑えることはできません。

この戦いに勝ち残るには、骨に体重のかかる状態、つまり座っているときよりも、立って体重を支えているときの状態が重要であると考えられています。最近では、筋力トレーニングが骨の強化に重要な役割を担っていることもわかっています。

「この一〇年ほどで、骨は従来の認識以上に強い存在であることがわかっています。負荷を与えれば、それに応えてくれる優秀な組織です」とブリティッシュ・コロンビア大学医学部教授ヘザー・マッケイは述べています。

骨を強化するトレーニングと筋力トレーニングには多くの共通点があることも明らかになってきました。その一つは、負荷をかけるほど強くなる点です。どれだけ強化できるかは、それまでの鍛え具合、荷重耐性、負荷のかけ方によります。マッケイらによる調査では、激しい運動を短時間で一気におこない（垂直跳び、スクワットなど）、その合間に休憩を挟むほうが、穏やかな運動を長時間続けるよりも骨の強化に効果があるとわかりました。

ウエイトを用いれば、ターゲットを絞りながら骨に負荷をかけることが可能になります。マッケイは「筋肉量が増加すると、骨周辺の筋肉が圧縮され〝曲げ荷重〟をつくりだし、骨が強化されるのです」と説明しています。またウエイトトレーニングでは、手首などの痛めやすい部分にターゲットを絞れます。こうした利点は、エリプティカルマシンをどれだけ使っても得られないものです。

マッケイによる別の調査では、小学生が一日に三回（朝、正午、下校前）、五～一五回垂直跳びをすると、骨密度が著しく高まることも明らかになっています。成人骨格の四分の一は思春期の早い段階で形成されるため、子どもに骨を強化する運動をさせるのは大切です。飛び跳ねるだけのような小さな動きでも、ただ立ったり歩いたりするよりも効果的であることも確認されました。

骨のミネラル密度は、持久力系のトレーニングよりも体力強化系のトレーニングをした人のほうが高いことを多くの研究が証明しています。これは、筋肉を増強する運動がランニングのような体重負荷のかかる運動よりも骨のためになるという説を裏づけています。

しかし二〇〇九年の研究（『ジャーナル・オブ・ストレングス・アンド・コンディショニング・リサーチ』に掲載されたミズーリ大学のパメラ・ヒントンらによる研究）は、それほど単純に差別化できないと忠告しています。

ランナー、自転車選手、ウエイトトレーニングをしている男性を比較したところ、骨密度が一番高かったのは、ウエイトトレーニングをしていたグループでした。しかしその理由は彼らがたんに大柄だったからにすぎません。ランナーグループはみな痩せていましたが、骨そのものは身体のわりにきわめて頑丈でした。ただし、ランナーと自転車選手の骨密度には大きな違いがありました。これは、ランニングによる衝撃の反復が骨密度を高めることを示唆します。

ヒントンはサイクリング、水泳、ボートこぎをする人には、筋力トレーニングやランニングのようなハイインパクトトレーニングをするよう勧めています。同様に、衝撃の少ないエリプティカルマシンでトレーニングをする人も、インパクトを補う必要があります。

「機械の動きに合わせて身体を動かすだけでは衝撃は不十分です」とヒントンは述べています。

サッカーやバスケットボールのようなスポーツ（およびステップエアロビクスのような運動）には、二つの長所があります。断続的なジャンプとランニングによる衝撃が骨密度を増大させ、筋力を強化するのです。ヒントンの研究からは、必ずしもウエイトトレーニングやランニング、跳躍のすべてをする必要はないことがわかります。ただし、筋力強化か、インパクトのある運動のどちらかは必須です。

ポイント

筋肉を鍛える運動（筋力トレーニングなど）やインパクトのある運動（ランニングやバスケットボールなど）は、サイクリングや水泳やエリプティカルトレーニングよりも骨の強化に効果がある。

骨の健康のホットスポット

骨折が良いニュースであった試しはありません。ただし、骨折する部位によって「不幸度」は異なります。臀部の骨折は複雑で、治癒後も以前の状態を完全に取り戻すことが難しくなります。同様の箇所として脊椎と手首が挙げられます。

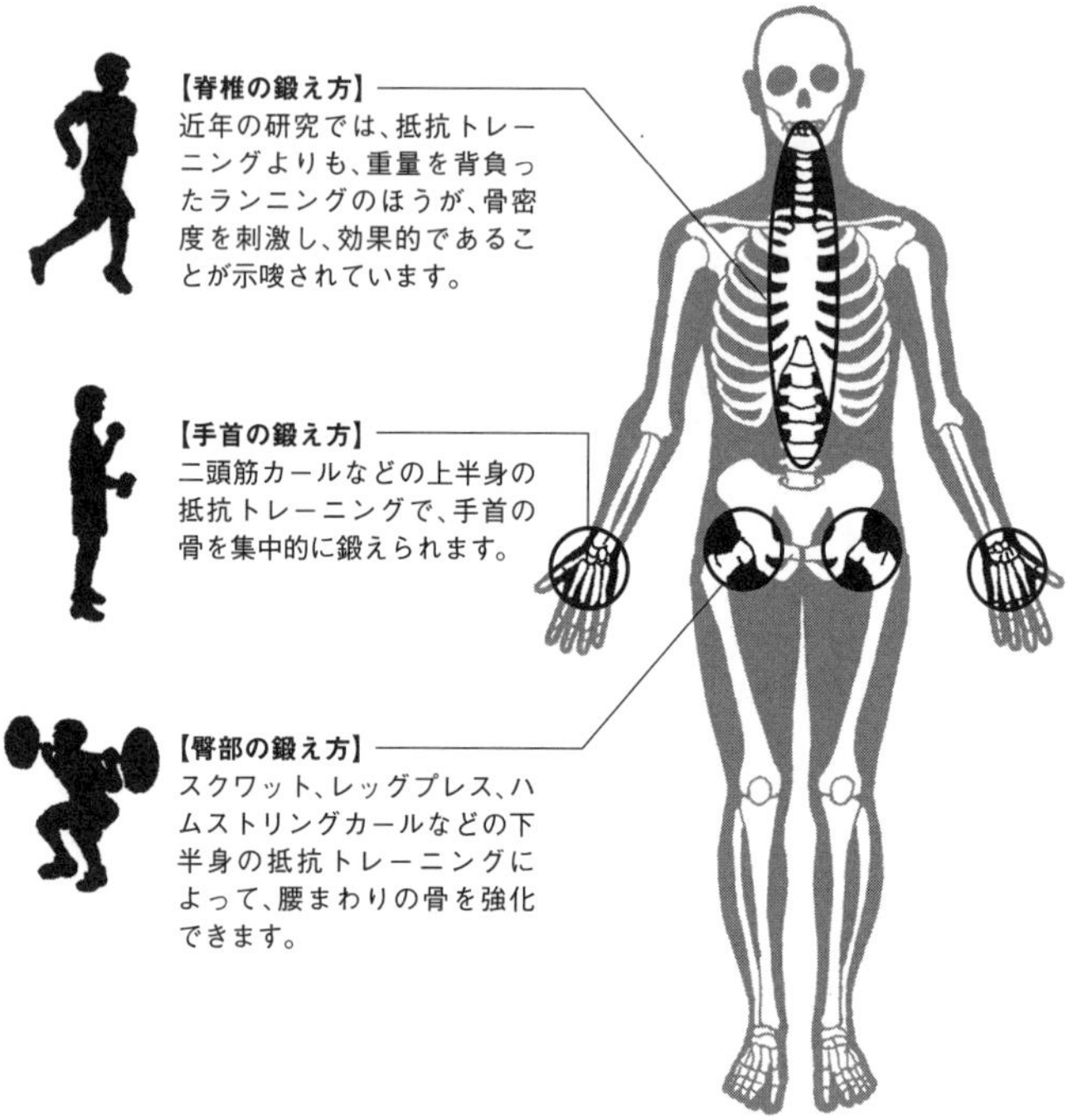

【脊椎の鍛え方】

近年の研究では、抵抗トレーニングよりも、重量を背負ったランニングのほうが、骨密度を刺激し、効果的であることが示唆されています。

【手首の鍛え方】

二頭筋カールなどの上半身の抵抗トレーニングで、手首の骨を集中的に鍛えられます。

【臀部の鍛え方】

スクワット、レッグプレス、ハムストリングカールなどの下半身の抵抗トレーニングによって、腰まわりの骨を強化できます。

Q DNAの老化は運動で阻止できるか?

二〇〇九年のノーベル医学生理学賞は、DNAが損傷することなく繰り返し複製される仕組みを発見した三人の研究者に授与されました。テロメアは、染色体の末端部にある短いDNAです。染色体が複製されるとき、デリケートな末端が切れないよう保護カバーの役割を果たします。残念ながら、テロメアは歳を重ねるにつれどんどん短くなります。テロメアの短縮による細胞の老化は、あらゆる老化現象と関係があります。老化の実体は細胞の老化なのです。

昔から、運動は「若さの源泉」であり、血管を柔軟に保ち、筋肉を鍛え、頭脳を明断にするものだと考えられてきました。しかし、こうしたさまざまな効果が実現される仕組みは、詳しく解明されていませんでした。

二〇一〇年のコロラド大学による研究(『メカニズム・オブ・エイジング・アンド・デベロップメント』に掲載)に、その手がかりがあります。生理学の専門家が、テロメアの長さと有酸素運動の相関関係を調べるために被験者を運動習慣のない若者(一八〜三二歳)、運動習慣のある若者、運動習慣のない高齢者（五五〜七二歳）、運動習慣のある高齢者の四つのグループに分けて調査をおこないました。運動習慣のある被験者には、週五回、最低でも四五分間の激しい運動をしている人を対象にしました。

その結果、二つの若者グループのテロメアは、ほぼ同じ長さでした。運動習慣のあるグループでは、高齢者のテロメアのほうがごくわずかではあるものの短かったことがわかりました。高齢者で運動習慣のないグループのテロメアは極端に短いことがわかりました。

さらに高齢のグループを対象としてテロメアの長さと有酸素運動の能力（最大酸素摂取量）を調査した結果、有酸素運動能力がある人ほどテロメアが長いことがわかりました。

つまり、有酸素運動によってＤＮＡを実年齢より数十年も若く保つことができるのです。これは運動習慣のない人たちにとっては悪い情報です。最近の研究では、七八〇人の心臓疾患のある被験者を調査したところ、テロメアが短い患者ほど四年以内に死亡する確率が高いこともわかっています。

この研究では、相関関係と因果関係を切り離せない点に注意すべきです。他の潜在的な因子の影響で、テロメアが長いまま保持されたり、運動する意欲が上がったりすることも考えられるからです。しかしドイツのザールラント大学でおこなわれた別の調査によると、その可能性は低いようです。コロラド大学の結果と同様、年配のランナーやトライアスロン選手のテロメアの長さは若い被験者と差がないこと、また年配で運動習慣のない人のテロメアが極端に短いことが確認されています。

ドイツでの他の研究で、トレッドミルで習慣的に運動させているマウスとまったく運動をさせていないマウスを比較したところ、わずか三週間後に運動していたマウスのテロメラーゼ（テロメアを伸長させる酵素）が高レベルで活性化していたことがわかりました。日常的に運動をしている人ほどテロメアが長いのは偶然ではないようです。少なくとも運動効果のもたらすメリットを証明しているといえるでしょう。

ポイント

運動は細胞の老化を遅らせる。細胞の老化は、DNA端部の保護キャップであるテロメアの短縮と関係している。

第9章 体重マネジメント

体重を減らすための方法は世の中にあふれています。誰でも一つはこだわりの方法論を語れるといってもいいくらいです。

脂質を控えるのがいいという人もいれば、炭水化物を控えるほうがいいという人もいます。脂肪が燃焼しやすい低負荷の運動がいいという人も、最大負荷での運動がいいと信じている人もいます。カロリーの摂取量を抑えるべきだという人もいれば、カロリーの燃焼量を増やすべきだという人もいます。ウエイトトレーニングに重点を置くのがいいという人もいれば、有酸素運動を重視すべきという人もいます。

このように、矛盾する方法論はいくらでも見つかります。このため、万人に当てはまる簡単な減量法はないように思えます。

ただし、すべてが謎に包まれているわけではありません。食事と運動、ホルモン、脂肪貯蔵などとの複雑な関連性について調査した多くの研究のおかげで、減量の謎は解明されはじめています。運動と食習慣が身体に与える影響がわかれば、その人にとって最適な減量方法を見つけやすくなり、「脂肪燃焼ゾーン」という夢のような概念が存在するという誤解が広まることもないでしょう。

さらに、痩せていることと健康であることは必ずしもイコールではないということも明らかになってきています。運動の成果は体重ではなく、有酸素能力のフィットネスで測るべきだという視点も重要です。

Q 太っていても健康でいられるか？

「脂肪は身体に悪い」とか「肥満の人が爆発的に増えている」という話は毎日のように聞こえてきます。ですから、二〇〇九年に肥満に関するさまざまなトピックを扱う雑誌『オベーシティ』で、予想外の実験結果が発表されたときにはちょっとした話題になりました。

カナダとアメリカの合同チームが実施した、一万一三二六人の成人を対象にした一二年間にわたる追跡調査（カナダ統計局の全国人口健康調査のデータを使用）の結果、肥満者（肥満度指数ＢＭＩが二五〜三〇）が調査期間中に死亡する確率は、標準体重の人（ＢＭＩが一八・五〜二五）よりも一七パーセント低いことが明らかになったのです。

体重と健康の関連性について、私たちは長年誤解してきたのでしょうか。これからは「太って長生きしよう」という方針に切り替えるべきなのでしょうか。実は、この結果は肥満の研究者にとってはまったく驚くに値しないものでした。体重はかつて考えられていたような絶対的な指標ではないという証拠が山ほどあるからです。

ただし、早まってジムを退会しないように。長期的な健康に関しては、フィットネスのほうが体重よりもはるかに有用なバロメーターだと判明しています。このことは、痩せているけれどあまり運動しない（新陳代謝が良いので運動しなくても大丈夫だと信じている）人たちにも当てはまります。

サウスカロライナ大学のスティーブン・ブレア教授は一九九四年の研究で、健康上の問題を引き起こす原因である肥満と運動不足とを区別しようと試みました。「肥満でもフィットネスを適切に維持していれば『肥満のリスク』はありません。リスクは消えてしまうのです」とブレアは主張しています。肥満でもフィットネスが良好な人は、標準的な体重で運動しない人と比べて死亡する確率が半分だとも述べています。

これは、運動を始めても体重がなかなか減らずにすぐに嫌になってしまう人（おそらくはそのまま運動をしなくなってしまう人）にとって非常に重要です。ブレアは、一週間に計一五〇分間の中程度の運動、または計七五分間の強めの運動という指標をクリアしていれば、体重の多寡にかかわらず運動のメリットを得られると述べています。

このことを考えれば、先に示したカナダ統計局の結果は驚くに値しません。二〇〇五年にアメリカで実施された同様の研究でも、ほぼ同じ結果が出ています。この研究でも、わずかに余分な脂肪をつけた高齢者のほうが長生きすることがわかっています。

前述のカナダ統計局による研究論文の著者の一人で、ポーランドのカイザーパーマネンテ健康研究センターに所属するデイヴィッド・フィーニーは、「歳をとるにつれ体重は軽くなり、身体はもろくなっていきます」と述べています。つまり、高齢者（この研究の期間内に死亡した人の大半は高齢者でした）にとっては、少し余分に体重があったほうが、高齢になると経験しがちな病気や事故を乗り越えやすいのです。フィーニーはさらに、高血圧などのチェック体制ができたおかげで、ここ数十年間で肥満であることによるリスクが低減しているかもしれないと主張しています。

とはいえ、この研究によって肥満が「無罪放免」になるわけではありません。ＢＭＩが三五を超える人は、標準体重の人よりも研究の期間中に死亡する確率が三六パーセントも高かったのです。ただし、同研究ではBMIは脂肪の危険度を測るもっとも効果的な方法ではないということも指摘されています。

オタワの東オンタリオ研究所小児病院の研究者で、ブログ『オベーシティ・パナシーア（肥満の万能薬）』に肥満研究の最新情報を載せているトラヴィス・ソーンダーズは次のように述べています。「BMIは集団調査でもっとも威力を発揮します。しかし、個人に対してはうまく機能しません」。これは、どこに脂肪を蓄えているかが、脂肪の量と同じくらい重要であることを意味しています。厄介なのは腹部の脂肪、とくに皮下脂肪ではなく内臓脂肪です。一方、腰まわりからお尻、そして下半身についた脂肪はそれほど問題ではないとソーンダーズは主張します。現在、多くの医者が内臓脂肪の量を測る指標として胴まわりを測定しているのは、このような理由によります。

それから、少し奇妙に聞こえるかもしれませんが、肥満の問題は寿命との関連だけでは判断できないということも覚えておく必要があります。心疾患や高血圧や糖尿病など肥満と大いに関係のある症状は、老後の生活の質に重大な影響をもたらします。

カナダ統計局の研究結果も、体重を気にしなくていいと主張しているのではありません。具体的な体重を目指すという見当違いな目標にとらわれがちな私たちが意識すべきは、「人生をいかに健康に過ごすか」という点なのだということを教えてくれているのです。

ポイント
太っていてもフィットネスが良好な人は、デスクワーク中心の痩せている人より死亡する確率が低い。健康の度合いを測るには、BMIよりも有酸素能力のフィットネスのほうが適している場合がある。

コラム
肥満度指数（BMI）

肥満度指数（BMI）は、体重（キログラム）を身長（メートル）の二乗で割って計算します。身長一・七五メートル、体重七五キログラムの男性のBMIは、七五÷（一・七五×一・七五）＝約二四・五です。
BMIが一八・五〜二五は標準、一八・五未満は痩せすぎ、二五を超えると太り気味、三〇を超えると肥満と考えられます。

Q 摂取カロリーと燃焼カロリーの差は、そのまま体重の増減になる?

体重管理の基本的な考え方は単純です。食べ物として取り入れるエネルギーが、身体活動と新陳代謝により燃焼されるエネルギーよりも多ければ、それが体重の増加分になります。食べる量よりも燃焼する量のほうが多ければ体重は軽くなります。自然界では、エネルギーを無から生み出したり消し去ったりすることはできないため、物理学者の立場からすればこれは疑いようのない真実といえます。ただし実際はもう少し複雑です。「燃焼カロリー」の部分が、私たちの予想どおりにはいかないからです。

たとえば、毎日の食事に六〇カロリーのチョコレートチップクッキーを一枚足したらどうなるか考えてみましょう。脂質一ポンド(約四五〇グラム)には三五〇〇カロリーが含まれるので、計算上は月に約〇・五ポンド(約二二五グラム)、一年に六ポンド(約二・七キログラム)ずつ体重が増えていくことになります。ところが、実際はこのようにはなりません。

二〇一〇年の論文(『アメリカン・ジャーナル・オブ・メディスン』に掲載)にその説明があります。体重が増えはじめると、体は新しい組織の細胞を修復したり、交換したり、維持したりするために代謝エネルギーを使わなければなりません。すると、身体活動に変化がなくても、いままでより多くのカロリーが燃焼されるようになります。その結果、体重の増加ペースは時間の経過とともに遅くなり、数年後には合計六ポンド分のところで増加が止まります――たとえそのクッキーを残りの人生でずっと食べつづけたとしても、です。

残念ながら、一日に六〇カロリーずつ節制すると、これとは逆の現象が起こります。最初のうちは体重が減少するものの、痩せた部分の組織を維持するためのエネルギーを使わなくてもよくなるので、燃焼されるカロリーの量は減り、最終的には体重が減らなくなります。そして、通常の食事に戻すと(たいていの人は、目標の体重まで痩せた時点でそうします)、体重はもとに戻ります。

体重を一定に保とうとする働きは、体重の増減だけによって生じるのではありません。コロンビア大学の研究では、毎日のカロリーを正確に計算するため被験者の食事は流動食のみとし(摂取カロリーの構成は、コーン油、ぶどう糖、カゼイン・タンパク質が、それぞれ四〇パーセント、四五パーセント、一五パーセント)、肥満グループと標準体重グループとも体重が一〇パーセント増える(または減る)ように食事を制限し、新陳代謝の結果を観察しました。

この研究の結果が二〇一〇年に発表されました(『アメリカン・ジャーナル・オブ・フィジ

オロジー』に掲載）。それによると、体重が減ることによって被験者の筋肉の効率は約一五パーセント高まりました。これは、たんに体重が減ったからだけではなく、脂肪や炭水化物を燃焼させる酵素の割合が変化したからでもあります。「効率が高まる」というと良いことのようにも思えますが、実際はカロリーの燃焼量が少なくなるので、軽くなった体重を維持するのが難しくなります。一方、体重が増えると、被験者の筋肉の効率は二五パーセント低下し、もとの状態に向かって再び体重が減っていきました。

こうした結果からは、いったん体重が増えてしまった後で痩せるのがいかに大変か、厳しい現実を突きつけられますが、同時に実用的な知恵も与えてくれます。筋効率がもっとも大きく向上したのは、もっとも低い負荷で運動したときだったのです。これは、運動というよりも日常生活の身体活動レベルに相当します。

したがって、研究者たちは「体重が軽くなった人は運動の負荷を強めにすれば筋効率の向上を回避できるかもしれない」と提案しています。軽くなった体重を維持するには、運動の時間を長くするよりも、負荷を強めたほうが効果的といえそうです。

ポイント

体重が減ると体が体重を増やそうとするので、筋肉の効率が高まって新陳代謝が遅くなる。

運動の負荷を強めると、このような「効率の罠」を避けやすくなる。

Q 痩せるためには食事制限と運動のどちらが有効か？

一カロリーは一カロリー――というのが簡潔さを重んじる従来の栄養学の考え方。といっても、これまで見てきたように、良好な健康状態というものは燃焼カロリーと摂取カロリーの単純な引き算よりも複雑です。

二〇一〇年の研究（米国スポーツ医学会の学会誌『メディスン・アンド・サイエンス・イン・スポーツ・アンド・エクササイズ』に掲載）では、人間の身体は運動によって燃焼されたカロリーと食事制限によって摂取されなかったカロリーの違いを区別できることが示唆されていて、そのどちらも重要だと判明しました。

ルイジアナ州立大学によるこの研究では、やや太り気味の被験者三六人を三グループに分けました。第一グループは六か月の研究期間を通して、摂取カロリーと運動量をともに変化のない状態に保ちました。第二グループではカロリーの摂取量を二五パーセント抑えました。第三グループではカロリーの摂取量を一二・五パーセント抑えると同時に、身体活動によって燃焼されるカロリーを一二・五パーセント増加させました。第二グループと第三グループの「マイナス分のカロリー」は総量だけ見ると同じですが、第二グループでは食事だけでカロリーを抑えているのに対し、第三グループでは食事と運動でカロリーを減らしています。

はたして、第二と第三の二つのグループで減った体重は同じでした。しかも、もともとの体重の一〇パーセント減という素晴らしい成果です。さらに、全身の体脂肪が二五パーセント、そして腹部の脂肪も二五パーセント減りました。こちらも、二つのグループで違いはありませんでした。

この事実から見れば、体重の減り方はマイナス分のカロリーと対応していて、そのマイナス分が食事によるか運動によるかには関係がないように思われます。ところが、より詳細に調べてみると、この二つのグループに重要な違いが見つかりました。食事制限と運動を併用した第三グループでだけ、インスリン感受性、ＬＤＬコレステロール、最低血圧が改善していたのです。これらは心疾患と糖尿病の重要な危険因子ですが、その変化は鏡や体重計には表れないものです。

この研究により、「フィットネス対ファットネス（身体の健全性と肥満）」の論争に新たな視点が生まれました。サウスカロライナ大学のスティーブン・ブレアが強く主張しているように、心血管系リスクを測るうえでは体重とBMIではなく有酸素能力のフィットネスのほうがより重要と考える研究者が出てきたのです。

非常に太っている人は往々にしてもっとも不健康ですし、非常に痩せている人もまたもっとも不健康といえるので、体重（BMI）と有酸素能力のフィットネスの関係を区別して考えるのは難しい面があります。しかし先のルイジアナ州立大学での研究結果は、たんに痩せているだけでは得られない健康上のメリットがあることを示しています。つまり運動も必要ということです。

ただし、これで万事解決というわけではありません。ルイジアナ州立大学の研究で調査対象となった危険因子は他にもありました。収縮期血圧とHDLコレステロールです。これらは、第二、第三のグループで違いが見られませんでした。つまり、収縮期血圧とHDLコレステロールは、有酸素能力のフィットネスではなく体重に影響されるということになります。

「太っていても健康な《ファット・バット・フィット》」な人たちは、やはり健康上のメリットをいくらか逃しているといえそうです。一言でまとめるのは難しいですが、食事と運動はどちらもあなたの健康状態を最適に保つために重要であり、どちらか片方をないがしろにすべきではないといえます。

ポイント

減るカロリーが同じであれば、それが食事制限によるものでも運動によるものでも体重の減り方は同じ。ただし、血圧やコレステロール値などを改善するには運動が必要。

Q 「脂肪燃焼」ゾーンはどうやって活用すればいい？

減らしたいのが脂肪であるなら、炭水化物ではなく脂肪そのものを燃焼させられたらいいと思いませんか？　これが、運動器具メーカーやフィットネスの第一人者たちがよく使う、かの有名な「脂肪燃焼」ゾーンの考え方です。脂肪燃焼ゾーンを保つコツは頑張りすぎないこと、というメッセージもよく耳にします。もしこれが事実なら喜ぶべきことですが、残念なことに、これらの主張は論理的にも生理学的にも無理があります。

まずは基本的な真実からお話ししましょう。運動をすると、脂肪と炭水化物が燃焼されるのは事実です。どのような割合で燃焼されるかは、運動の負荷によって異なります。軽い散歩なら脂肪が八五パーセント、炭水化物が一五パーセント程度です。ジョギング程度になると、炭水化物の燃焼量が増えます。

速度を上げれば上げるほど炭水化物の燃焼量は増え、最高負荷では最終的に脂肪が三〇パーセント、炭水化物が七〇パーセントほどの割合にまでなります。脂肪と炭水化物の割合が半々になるのは、最高負荷の六割程度の負荷で運動したときです。といっても、人によってかなりばらつきがありますし、フィットネスが向上するにつれて、脂肪と炭水化物の割合が入れ替わる時点の運動負荷は増大していきます。

こうしてみると、脂肪を燃やすには低負荷での運動が適しているように思えます。ところが、ここでは総燃焼カロリーが無視されています。散歩で一〇〇カロリーを燃焼した場合、そのうち八五カロリーが脂肪の燃焼分だというのは本当です。ただ、散歩と同じ時間、軽めのランニングをして五〇〇カロリーを燃焼すれば、脂肪の燃焼量は二五〇カロリーになるので、そちらのほうがはるかに効率的だといえます。

最高負荷での運動は、健康とフィットネスの両方について多くのメリットがありますが、長時間続けるのは困難なので、脂肪を燃焼するという目的であれば中程度の負荷での運動がもっとも効果が高いといえます。

しかし、脂肪燃焼という考え方にはさらに根本的な問題が残されています。それは、身体活動の後に身体が回復する仕組みに関連しています。トレーニングで主に炭水化物を燃焼した場合、トレーニング後の数時間で摂取するカロリーは、炭水化物の燃焼分を補給するために使われます。一方、トレーニング中に多くの脂肪を燃焼するよう調整した場合、炭水化物は満タンのままです。すると、トレーニング後に摂取するカロリーは、そのまま脂肪として蓄えられてしまうため、脂肪を燃焼するための努力がまったく無意味になってしまうのです。

この現象は二〇一〇年に、オーストラリアのガーバン医学研究所で実証されました。炭水化物の代わりに脂肪を燃焼させるよう遺伝子操作されたマウスでは、使われなかった炭水化物はそのまま脂肪に変わってしまったのです。この研究論文の主筆であるグレッグ・クーニーは、この結果は脂肪燃焼を促進するという宣伝文句の薬にお金を費やすべきでないと忠告してくれている、と述べています。「この研究データを見れば、ソファに座ってテレビを見ている間に奇跡的に痩せられるという特効薬についてのイメージが誤りだとすぐに気づくでしょう」

これまでのところ、脂肪が燃焼する割合を確実に押し上げてくれるのは、ご想像のとおり運動だけです。さまざまな研究により、数か月間のトレーニングを経て以前よりも多くの脂肪を燃焼できるようになることが明らかになっています。もちろん、そのおかげでマラソンレースの後半になっても十分に体力を温存できるようになるかもしれませんが、それは体重を減らすためにはあまり重要ではありません。重要なのは、あくまでもゴールにたどり着くまでに何カロリーを燃焼したか、なのですから。

ポイント

低負荷の運動は高負荷の運動よりも脂肪を燃焼する割合が高いが、全体的に見ると燃焼カロリーは高負荷の運動より少なくなる。体重が減るかどうかは、燃焼カロリーが摂取カロリーを上回ったかによって変わる。

Q 運動をすると食べる量が増えて太るのではないか？

二〇〇九年、『タイム』に「運動しても痩せない理由」という特集記事が掲載されました。この記事では、ジャーナリストのジョン・クラウドが、運動をして痩せようとする試みに失敗したいきさつが述べられています。彼は「強めの運動を短期間で一気に実践すると体重の増加につながる可能性がある」と警告していますが、この結論に至るまでのいくぶんひねくれた論理展開は、肥満研究者の間で非難の的となりました。

それでも、この記事では重要な問題が提起されています。つまり、熱心に運動をしても体重が減らない人がたくさんいるということです。それに、運動をするとお腹が減るのも本当です。

簡単な算数で、何が問題かを考えてみましょう。たとえば自転車で出かけ、三〇分で六マイル（約九・七キロ）ペダルをこいだ後、疲労回復ドリンクを一気飲みしたとしましょう。運動で二八〇カロリーを燃焼し、直後に二七〇カロリーを摂取したことになります。これではカロリー燃焼は多いとはいえません。軽めの運動で燃焼されるカロリーを食べ物に換算すると、驚くほど少量なのです。体重を減らすのは容易ではないとおわかりいただけるでしょう。ただし、これだけでは運動で体重が増えるという証拠にはなりません。

運動の負荷を上げればそれだけお腹が減るというのは事実ですが、食べる量を減らした場合も同様にお腹が減ります。燃焼カロリーよりも摂取カロリーが少ないと、あなたの身体は敏感にその変化を察知し、生理学的にも実際の行動においても現在の体重を保とうと努めます。運動では痩せにくいのではありません。どのような方法でも、痩せるのは難しいのです。

もちろん、エリートアスリートたちは運動によって体重を減らし、それを維持していま す。というより、長距離ランナーや水泳選手、ツール・ド・フランスに出場するような自転車選手の場合は相当なカロリーが必要なので、逆に大変な思いをしながらカロリーを摂取しているのです。

問題は、どのくらいの運動が必要かという点です。これについてはハーバード大学による研究がヒントになります。この研究では、三万四〇〇〇人の中年女性を一三年間にわたって追跡調査しました。

その結果（二〇一〇年に『アメリカン・ジャーナル・オブ・メディスン』に掲載）、調査期間中一度も体重が増加しなかったのは、被験者のうち一三パーセントだけで、この人たちは、典型的なアメリカの食事を摂り、毎日平均して一時間ほど中程度の運動をしていました。それよりも運動量が少なかった人は、体重が増えました。毎日一時間というのはかなりの運動量です――といっても、一日のほとんどをデスクの前や車のなかで座って過ごす現代においては、の話ですが（昔の人に比べれば、微々たる量だといえます）。

クラウドの記事は、週に数回ジムに通って三〇分程度の運動をすれば痩せられると考えていた人たちを目覚めさせてくれたのかもしれません。トレーニング後はつねに食べるものに気をつけなければならないということなのです。

しかし、冒頭の記事の大きな罪は、運動がもたらす他のメリットをすべて過小評価したことです。たとえば心血管の健全性やストレス解消など、体重が減らなくても徐々に効果の表れる運動のメリットがあります。運動は、私たちが知るかぎりもっとも強力な健康改善の方法です。何より、運動そのもので体重が増えることはないのです。

ポイント

運動のみでの減量は簡単ではない。中年の女性の場合、一日に一時間の運動をしても、体重の増加を防ぐ程度の効果しかないことがわかっている。

Q 体重を減らすには筋トレより有酸素運動がいいか?

一般的に、エアロ（有酸素運動）は痩せるのに最適な方法といわれています（カロリー摂取量も控えた場合）。ところが、ウォーキングマシンやエアロバイクを使って何時間も運動をしているのにまったく痩せられないという人が後を絶ちません。

理由は次のどちらかが考えられます。(1)痩せるには一般に考えられているよりも多くの努力が必要。(2)エアロが効果的というのは誤解で、痩せるのにもっと適した方法が存在する。(2)の「もっと適した方法」として頻繁に紹介されているのは、ウエイトトレーニングです。しかし、実際は(1)が正解だということが実証されています。

エアロと筋トレとを直接比較すると、運動による燃焼カロリーの多さでは当然、エアロが勝ちます。ただし運動後の時間に燃焼されるカロリーを比べると、筋トレに軍配が上がります。

一九七七年に実施されたある研究で、歳をとるにつれて安静時代謝率が徐々に下がることが明らかになりました。寝ている間も生命を維持するために燃焼するカロリーの量は、筋肉量の減少(三〇代半ばに始まり、無情にも人生の最後まで続きます)に影響されるということです。筋トレはこの筋肉の減少プロセスを遅らせる手立てになりますし、筋肉を増やすこともできます。筋トレは活発な新陳代謝を助けるのです。

筋トレは、身体を刺激して炭水化物の代わりに脂肪を多く燃焼させてくれます——といっても、それで長期的に見て脂肪の蓄えが減るかどうかは明らかではありません。ただし、単純な事実として、健康な人は動きまわったりモノを持ちあげたり階段を上ったりと日常生活での活動量が多い傾向があるので、そのぶん燃焼されるカロリーも多めです。こうした事実から、米国スポーツ医学会（ACSM）は二〇〇九年にそれ以前の公式見解を覆し、筋トレは減量に効果的な場合があると認めました。

筋トレと減量に関する研究例は豊富にあります。二〇〇七年の研究（『米国臨床栄養ジャーナル』に掲載）では、一六四人の太り気味の中年女性を二年間にわたって追跡調査しました。被験者の半数は週二回ウエイトトレーニングをおこない、もう半数には有酸素トレーニングを推奨するパンフレットを渡すだけに留めました。ウエイトを実施したグループの体重増加は約三ポンド（約一・四キログラム）で、腹部の脂肪の増加率は七パーセントでした。一方、パンフレットを渡しただけのグループでは体重増加は四・四ポンド（約二キログラム）で、腹部の脂肪のなんと二一パーセントも増加しました。この結果は筋トレが健康に良いことを示す明らかな証拠といえます。ただし、エアロよりも減量効果があるというわけではありません。

当然と思われるかもしれませんが、エアロと筋トレを組み合わせた運動がもっとも効果的です。韓国の研究で、エアロを週六日実施した場合と、エアロとウエイトを週三日ずつ実施した場合を比較しました。その結果、表面脂肪と腹部脂肪を減らしながら筋肉量を増やすには、エアロとウエイトを組み合わせたトレーニングがもっとも効果的であるとわかりました。

ウエイトトレーニングに新陳代謝の活性化や脂肪燃焼効果などの多くのメリットがあるという点については、疑いの余地はありません。しかし健康を目指すのであれば、エアロと組み合わせた運動がもっとも効果的なのです。

ポイント

カロリーの燃焼にもっとも効果があるのは有酸素運動だが、筋トレで筋肉をつけると、新陳代謝を活発な状態に保てる。最大の成果をあげたいのなら、両方のアプローチを組み合わせるべき。

Q 自転車や徒歩で通勤するほうが燃焼カロリーは多くなる？

ビジネスパーソンの多くは、できるだけ効率的に生きたいと考えています。しかし、最善のトレーニングを実施したいのなら（カロリーをできるだけ燃やしたい場合にはとくに）、非効率的になることをお勧めします。

会社までの距離が三マイル（約五キロメートル）の場合、自転車で通勤すると一三〇カロリーを燃焼できます。同じ距離を歩くと二二五カロリーを燃焼できます。所要時間は自転車なら一五分程度ですが、徒歩なら約一時間かかります。自転車で景色を楽しみながら一時間かけて回り道をすれば五〇〇カロリーを燃焼できます。これらは、体重が約七〇キロの人が中程度の速度（自転車なら時速約二〇キロ、徒歩なら時速約五～六・五キロ）で進んだ場合の数値です。

通勤に最適な手段を選ぶには、所要時間と燃焼カロリーなどさまざまなバランスを考える必要があります。また、通勤手段を決める際には、通勤時間や自転車に適した通勤路があるかどうか、さらに職場にシャワーが備わっているかどうかといった現実的な面も考慮しなければならないでしょう。条件がよければ、複数の選択肢を交代で選ぶのもよいかもしれません。

・自転車通勤――屋外で自転車に乗るときには空気抵抗がポイントになります。スピードが上がるほど、その重要性は増します。時速約三〇キロを上回る速度でサイクリングをする場合に感じる抵抗の、実に九〇パーセントが空気抵抗によるものです。自転車をこぐ速度が遅すぎれば、早歩きよりも負荷が少なくなります。逆にいえば、ペダルの回転を上げるだけで抵抗を強められるということです。

上り坂や停止する回数が多ければ、トレーニングの要素を高められます。上り坂では空気抵抗が減るので、自転車通勤の時間を活用するには、上り坂で（スピードを落とした状態から）頑張ってペダルをこぎ、下り坂で身体を休める、というアプローチをとるとよいかもしれません。自転車通勤は、通勤距離が長めならもっとも実用的な選択肢です。とはいえ自転車での通勤を本当にトレーニングの時間にしたいのなら（職場でシャワーを浴びたり、少し回り道をして帰ったりするなどの工夫を含め）、意識的な取り組みが必要です。

・徒歩通勤――人にはそれぞれ最適な歩行速度があります。これは快適に感じられるとともに、一マイル当たりの燃焼カロリーがもっとも少ない速度です。この最適速度よりかなり速く歩くと、非常にゆっくり走った場合と同じくらいの燃焼カロリー（と速度）になりますが、このスピードを長時間保つのは難しいという問題があります。失礼を承知でいうと、競歩選手の動きがなんとなく面白く見えるのはこのためです。

重要なのは、早歩きと気軽な散歩の違いを心に留めておくことです。時速五マイル（時速約八キロ）で歩くのと時速二マイル（時速約三キロ）で歩くのとでは、燃焼カロリーが三倍以上も違います。ジムでのトレーニングと違って通勤は時間では区切れないため、会社までの距離がそのまま運動の時間に反映されます。これは徒歩通勤のメリットだともいえます。徒歩なら、もっとも長い時間、通勤をトレーニングの時間として活用できるのです。ただし、少し頑張る程度の早歩きをしなければなりません。

・ランニング通勤——長い間、A地点からB地点まで徒歩またはランニングで移動する際に使われるカロリーは、速度に関係なく一定だと誤解されてきましたが、二〇〇四年の研究（『メディスン・アンド・サイエンス・イン・スポーツ・アンド・エクササイズ』に掲載）によって間違いであると証明されました。一マイルを一〇分で走ると、同じ距離を二〇分で歩くのと比べて、二倍のカロリーが燃焼されることが明らかになったのです。この差は、走るときの身体の上下運動などによって生じます。ランニング通勤なら、負荷も上がり、時間も効率的に使えます。

ただし問題もあります。出社後にシャワーを浴びなければならないのはもちろん、着替え（場合によっては弁当も一緒に）を詰めこんだバックパックを背負って走らなければならなかったり、帰宅の方法も考えなければならないことがあるからです。

ポイント

同じ距離でカロリー消費量が多いのは、ランニング、ウォーキング、自転車の順になる。運動の時間が同じ場合には、自転車のほうがウォーキングよりも燃焼カロリーが多くなる。

通勤でカロリーを消費する

同じ距離を移動した場合、徒歩のほうが自転車よりも多くのカロリーを消費します。逆に、時間当たりのカロリー消費量は自転車のほうが多くなります。ランニングは、距離と時間いずれの観点からも、もっとも多くのカロリーを消費します。以下の計算は、体重65キロ前後の人が、平地で各運動をおこなった場合を前提にしています。

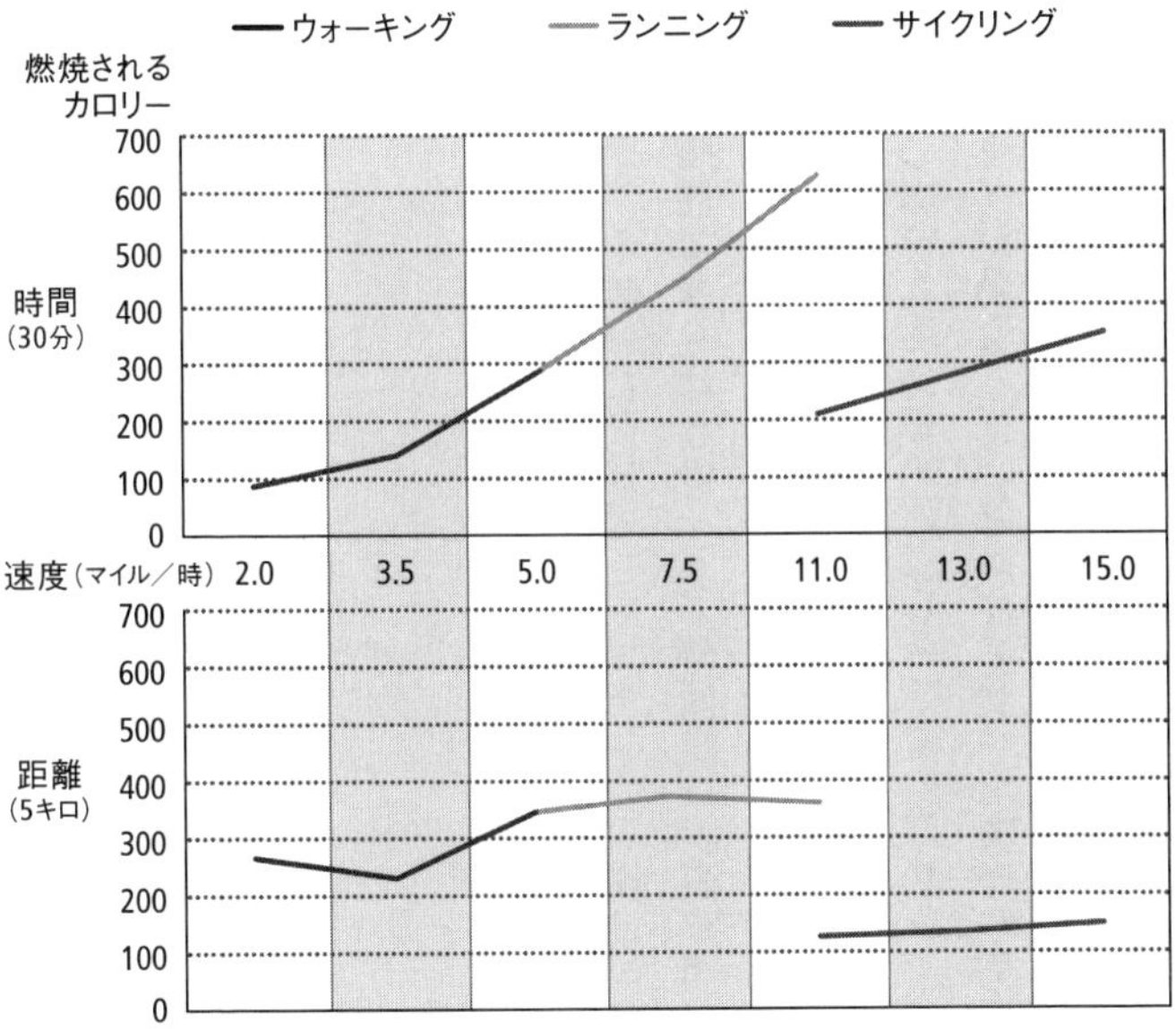

Q 食欲ホルモンで空腹感を抑えられるか？

最近、摂食行動をコントロールするホルモンが明らかになっています。グレリンは濃度が上がると何か食べたいと感じるホルモンで、レプチンは濃度が上がると満腹を感じるホルモンです。

二〇〇八年のドイツの研究では、たった一晩でも睡眠時間が短くなるとグレリンの濃度が上がることがわかりました。これで、疲れているとき無性にお菓子が食べたくなる理由を説明できます。同じく、短時間睡眠が二晩続いただけで、レプチンの分泌量が減り、満腹を感じにくくなります。必要な睡眠時間よりもほんの一～二時間だけ睡眠時間が短い場合でも、レプチンの分泌量が減ります。睡眠時間の長さと身体のスリムさに直接的な相関があるという研究結果が出ても不思議ではありません。

これらのホルモンは、摂食パターンの影響も受けます。二〇一〇年のギリシャの研究では、同じ量のアイスクリームを五分で食べた場合と三〇分かけて食べた場合とを比べました。その結果、グレリンの濃度に変化は見られませんでしたが、三〇分かけて食べるグループでは、ペプチドYYとグルカゴン酸ペプチド（どちらも満腹信号を送る消化管ホルモン）の濃度が高くなったのです。さらに、三〇分かけて食べるグループのほうが、より強い満腹感を訴えました。

もう一つ、長年にわたって良いといわれている食事の摂り方があります。それは、三度の食事ごとに大量のカロリーを詰めこむのではなく、食べる回数を増やすという方法です。この方法は、食欲の決定に関わる消化管ホルモンの濃度をできるだけ一定に保つことで、空腹を感じる大きな波を抑えるという考え方にもとづくものです。ところが、この食欲抑制の方法が有効かどうかについては、ここ半世紀で研究はたくさんあるにもかかわらず、結論がはっきりしません。

最近では、オタワ大学で一六人の肥満のボランティアを対象に八週間の追跡調査が実施され、二〇一〇年に結果が発表されましたが（『ブリティッシュ・ジャーナル・オブ・ニュートリション』に掲載）、通常の食事に軽食をプラスして食べても有意な差は見られませんでした。

このオタワ大学の研究の被験者はみな定期的に運動をする習慣をもたない人たちでしたが、定期的にトレーニングをする人ならば、トレーニングの直後には何かを食べたほうがよいでしょう。都合に合わせて食事でも軽食でも結構です。トレーニングによる疲労の回復が促されますし、後々の食べ過ぎを防ぐ効果が期待できます。

ポイント
ゆっくり食べることと十分な睡眠をとることは、どちらも食欲に影響するホルモンを抑制する効果がある。

Q 座って仕事をする人はトレーニングの効果が出にくい？

一日に一時間、ジムで汗を流せば十分に健康になれると思っている人がいるかもしれません。しかし二〇一〇年の研究（『アメリカン・ジャーナル・オブ・エピデミオロジー』に掲載）では、トレーニング以外の時間に何をしているかが、健康状態の違いを生むという新たな事実がわかりました。

一二万三〇〇〇人を一三年間にわたって追跡調査した結果、一日に六時間以上、座って過ごす人が男性と女性でそれぞれ一八パーセントと三七パーセントいましたが、この人たちは座って過ごす時間が一日に三時間を下回る人と比べて、調査期間中に死亡する確率が高いことが明らかになったのです。驚きなのは、この死亡リスクは被験者がどの程度の運動をおこなっているかとはまったく無関係だったという点です。

長時間座りつづけることがなぜこのような問題を引き起こすのかは、まだ完全には解明されていませんが、科学者たちは、こまめに動きまわったり家事をこなしたりするといった低負荷の活動でも、健康にとっては大きな効果があるのではないかと考えています。

たとえば、マサチューセッツ大学アマースト校の研究は、低負荷の活動は減量に効果があると示唆しています。動きまわったり家事をしたりというのはかなり低負荷の運動なので、これらの活動によって食欲が増進することもない、というわけです。同じくマサチューセッツ大学アマースト校による研究では、一日中座って過ごすグループ（トイレに行くのにも車椅子を使用）と、一日中まったく座らずに過ごすグループとを比較し、両グループの燃焼カロリーの差が数百に上ることを明らかにしました。しかも、食欲ホルモンの濃度と被験者が訴えた空腹感は、両グループとも変わらなかったのです。

もちろん、オフィスで働く人に一日中歩きまわれといっても現実的ではありません。そこで、三〇～六〇分ごとというように定期的に「小休憩」をとることを勧める専門家もいます。小休憩のときは、椅子から立ち上がってストレッチをし、数分間デスクから離れるとよいでしょう（といっても、冷蔵庫のほうには行かないように）。

低負荷でカロリーを燃焼するには、デスクチェアの代わりにバランスボールに座ったり、デスクを立ち机に替えたりするのもいいかもしれません。バッファロー大学による二〇〇八年の研究では、バランスボールに座るか、立って作業するかした場合、普通のオフィスチェアに座って作業するよりも一時間当たり四・一カロリー多く燃焼するという結果が出ました。どの作業環境でも被験者のタイピング速度に違いが表れなかったのも、うれしい情報です。

　ただし、バランスボールや立ち机を試すとしても、最初のうちは一日数時間に留めてください。また、バランスボールに座る場合には、腰痛の兆候にも注意しましょう。筋肉を安定させる働きが弱い人は、支えがないとよけいな負担がかかってしまいます。

　ここで紹介したことはどれも、強度の高いトレーニングの重要性を否定するものではありません。たとえば、ウエスタンオンタリオ大学が二〇一〇年に、低負荷の活動と高負荷の活動を比較したところ、低負荷の活動は主に心臓に作用し、高負荷の活動は主に筋肉に作用することがわかりました。心臓の健康と筋肉の健康はどちらも大切ですから、片方をないがしろにしないよう気をつけましょう。

　フィットネス、食事、健康のあらゆる側面についていえることですが、運動の負荷を選ぶ際にもっとも良いのは、毎日同じことを繰り返さないことです。

ポイント

ジムで運動していても、仕事で一日中机に座っていると健康に悪影響が出る。定期的に休憩をとり、デスクから離れて歩きまわったりストレッチをしたりすることを心がけよう。

第10章 食べ方、飲み方

一八九六年、第一回オリンピックのマラソン競技で優勝したギリシャのスピリドン・ルイスは、競技中に、ワイン、牛乳、ビール、オレンジジュースやイースターエッグを摂取したと伝えられています。

それ以来、スポーツ栄養学の分野ははるかに進歩してきましたが、いつ何を摂取すればよいかという問いに対しては、いまも答えを求めて探求が続けられています。運動開始前と運動中、運動後の栄養補給や、水分の欠乏は本当によくないのか、といった問題に対してさまざまな意見や研究結果があります。

スポーツと栄養について議論するとき、身体能力を高めるといわれているサプリメントにも触れないわけにはいきません。数多くの研究がなされてきたにもかかわらず、サプリメントが謳っている効果を裏づける根拠はほとんどありません。しかし、ビタミンDやプロバイオティクスといったサプリメントに関するいくつかの興味深い研究からは、サプリメントについては、さらに追究する価値があるということがわかります。

Q カーボローディングの効果はどの程度あるのか？

競技前日の夕食にパスタを食べるという食事法の起源は、一九六〇年代のスカンジナビアでの研究にあります。競技の一週間前に運動の強度を上げ、同時に脂肪とタンパク質だけを摂取することによって炭水化物を枯渇させておけば、競技の二、三日前に炭水化物を補給（カーボローディング）したときに通常以上の量の炭水化物が筋肉に取り込まれ、「最大限に蓄えられた」状態になるということが明らかになりました。アスリートには食事制限（厳しくて辛い一週間にわたる炭水化物の枯渇状態）が課せられることになりました。

この研究には重要な問題がありました。被験者が普段はトレーニングをしていない人たちだったのです。その後の研究では、鍛えられた人の場合は日々のトレーニングで炭水化物を使い果たしてしまうため、レース前に枯渇させたとしてもそれ以上の効果は得られないということが示唆されています。

さらに、二〇〇二年のオーストラリアの研究によれば、一日のうちに体重一キロ当たり一〇グラムの炭水化物を摂取すれば、同日に激しい運動をしないかぎり炭水化物の蓄えを最大にできることがわかりました。また、翌日から二日間、炭水化物を多く含む食事を継続しても、蓄えはそれ以上増えなかったことも示されました。

ただし、体重一キロ当たり炭水化物一〇グラムというのはとてつもなく大きな数字だという点をおさえておかなければなりません（パスタ一食分をはるかに超える量です）。実際、ほとんどのアスリートたちが炭水化物の蓄えを最大に引き上げることに失敗しています。体重七〇キロで七〇〇グラムの炭水化物を確保しなければならないとすれば、スパゲティ一〇皿を平らげる必要があります。普段の食事に加えて、スポーツドリンクなどからも炭水化物を摂取しないかぎり、丸一日以上かかってもクリアできないでしょう。

炭水化物のタンクが満杯でも、走ったり自転車をこいだり泳いだりする際の速度がさらに速くなることはありませんが、少し長く速度を保つことができます。炭水化物の蓄えを完全に使いきる時間もない短い運動では、カーボローディングの効果はまったく得られません。運動の継続時間が九〇分未満なら（正確な時間については研究者たちの間で意見が分かれています）、カーボローディングは必要ないのです。

マラソンのような長距離走の場合でさえ、カーボローディングの根拠は明らかではありません。カーボローディングの効果についての研究では、運動の間ずっと被験者に一切の炭水化物を摂取させないものが多くあります。しかし実際には、マラソンやテニスの試合中には、スポーツドリンクやゼリーを自由に飲んでいるのです。このように炭水化物の補給が許されている場合には、カーボローディングが役に立つのかどうか、その根拠がはっきりしなくなります。

さらに不都合なことがあります。炭水化物を補給すると身体は水分も蓄えようとします。ということは、カーボローディングが成功したとしても、競技用に調整した体重が一回につき数キロ増加することになってしまうのです。カーボローディングの良い面と悪い面のバランスをどう考えるのかは、個々の経験にもとづく判断――競技中に胃が炭水化物を受けつけるかどうかや、以前の試合でエネルギーが切れてしまったかどうか――に委ねられているのです。

もう一つ、レース前日の夕食にパスタでカーボローディングするだけでは対応できないことがあります。グリコーゲンとして肝臓に蓄えられている炭水化物の約半分は、寝ている間に神経系に供給され消費されます。肝グリコーゲンは、血糖値を正常に保つ役割を果たすとともに脳などの重要な組織にエネルギーを供給していますが、筋グリコーゲンとして筋肉内に入ることはできません。

このため、持久系トップアスリートたちは、競技の数時間前に（どれだけ早くても）起床し、バナナやオートミール、ベーグルなど消化の良い炭水化物を食べて、肝グリコーゲンのタンクを一杯にしておく必要があるのです。

ポイント

競技の前日に体重一キロ当たり一〇グラムの炭水化物を摂取することによって、炭水化物の蓄えは最大にできる。

Q スポーツの前には何を食べるべきか？

胃は満杯になると、空のときの一〇倍から二〇倍の大きさになり、平均でカップ四杯分の食べ物や飲み物を収容します。とても巧くつくられている胃ですが、注意を怠れば運動の最中に問題を起こす可能性があります。

定期的に有酸素運動をしている人の半数が、痙攣や吐き気、下痢のような胃腸障害に悩まされていることが研究によって明らかになっています。食事のタイミングを誤れば、めまいやエネルギー不足に陥ったり、脇腹痛を引き起こしたりすることもわかっています。ただし以下の簡単なガイドラインに従えば、このようなトラブルを減らすことができます。

飲み込んだ食べ物が胃から結腸に到達するまでに通常は一～二時間かかります（最終的に体外に排出されるまでには二四時間から七二時間かかります）。このため、激しい運動をする場合は、食事後三～四時間空けるのが最適です。また激しいトレーニングをする人は「胃から結腸へ」と食べ物が移動する速度が速まるということが明らかになっています。これはアスリートに必要な大量の食べ物をスピーディに消化しなければならないからではないかと考えられています。

インディアナ大学の研究によれば、食べ物が胃から結腸に到達するのにかかった時間は、消費カロリーが一日に四〇〇〇カロリーから五〇〇〇カロリーの水泳選手または長距離ランナーの学生では、一時間未満であったのに対して、ほとんど動かない消費カロリーも二〇〇〇カロリー未満のグループでは三時間もかかったことがわかりました（これは一口だけ食べた場合にかかった時間です。一食分の場合はさらに長い時間がかかるかもしれません）。身体が鍛えられていればいるほど、食べ物の運搬がうまくいき、栄養もより多く体内に取り込めるのです。
運動開始時に胃のなかに食べ物が残っていると、胃の血液が筋肉へ移動してしまうため消化のスピードが遅くなります。ランニングなどのスポーツでは、胃の上下運動や胃内部に留まっている食べ物によって、痙攣が起こる恐れがあります。ストレスによっても消化速度は遅くなるため、競技前に緊張するようなら胃が空になるよう調整するとよいでしょう。

何を食べるかによっても大きな違いがあります。食物繊維は消化速度をゆるめるとともに、水分を吸収して結腸内で容積を増やします。ですから、胃腸障害があるのなら、運動前の軽食には全粒小麦パンではなく白パンを選んだほうがよいでしょう。脂肪分の多い食物も胃を抜けるまでに時間がかかります。

しかし、運動開始前の炭水化物の摂取も問題を引き起こします。「反動性低血糖」と呼ばれる状態に陥ってめまいや脱力感の症状が出たりしますし、運動開始から一五〜二〇分の間に吐き気を催したりすることもあるのです。炭水化物がインスリンの分泌を促し、血糖値が下がるのが原因です。運動をすることでも血糖値が下がるので、この二つがそろった場合に、血糖値が下がりすぎて意識が朦朧《もうろう》とする原因になりうるのです。

反動性低血糖を避けるには、運動前の炭水化物摂取を控えることです。逆に運動開始直前の五分間に炭水化物をとれば、インスリンの値が跳ね上がるには時間が足りないため、問題を避けられます。それによって食物の血糖指数が中程度または低い値に落ち着き、血糖値の上昇がゆるやかになります。バナナ、オートミール、ピーナッツバターを塗った全粒小麦のパンは、中程度の血糖指数を示す食べ物の代表格です。

最善策を見つけるには試行錯誤が必要です。運動時には、日常では何の問題も起こさない食品を避けなければならない可能性もあります。理由はまだ完全には明らかになっていませんが、運動を一度に長時間または集中的におこなうことによって消化器系が過敏になり、ごく軽度の食物アレルギーを起こすとも考えられています。とはいえ経験を積んでいけば、苛酷な状況でも胃が受け入れてくれる、自分に合ったシンプルな食事を見つけられるはずです。

ポイント

運動中の胃腸障害を避けるために、運動の前には食物繊維や脂肪分を多く含むものはなるべく避けるとよい。運動までの時間を少なくとも三時間とること。

Q 運動後の水分・栄養補給には何が最適か？

自分にとって望ましい答えが、科学で証明されるのはうれしいことです。トレーニング後には低脂肪のチョコレートミルクが良いという近年の研究が大歓迎されたのも無理はありません。チョコレートミルクは手軽で廉価なおいしい飲み物ですから、好きな人が多いのもうなずけます。

しかし、これを競争心の旺盛なアスリートへのメッセージととらえるには注意が必要です。この研究結果は、軽めの運動のみに当てはめるべきなのです。新たな研究によれば（または常識的に考えて）、トレーニングの主目的が減量であるなら、チョコレートミルクには慎重にならなくてはいけません。

運動後の栄養補給には主に二つの目的があります。一つは、次のトレーニング（その日におこなう場合も数日後の場合も含め）の前に気力と体力を取り戻すために、失われたエネルギーを補給すること。もう一つは、強さを増強する収縮タンパク質と耐久性を高めるミトコンドリアタンパク質を統合するのに必要な原料を身体に与え、体調を最高の状態にもっていくことです。

「このとき、短期間での回復と長期間にわたる適応とが連続して起こります」と、スイスのネスレリサーチセンターの栄養研究班に所属するカナダ人科学者トレント・ステリングウェルフは述べています。

肝心なのは、いつ、何を食べるのかということです。運動後の三〇分間は身体が自らを修復しようと驚くほどの速さで栄養を取り込みます。しかし、およそ二時間経つと、この状態は完全に終わります。そのため、運動直後に手軽に栄養を補給できるエネルギーバーやドリンクが役立ちます。トレーニングバッグにサンドイッチを詰めていくのも簡単な方法です。

従来は、重量挙げの選手は筋肉をつくるためのタンパク質、持久力系のアスリートは炭水化物の摂取を重視すべきだと考えられてきました。しかしステリングウェルフは、運動の内容にかかわらず、すべての主要な栄養素が重要だと述べています。最近の研究では、有酸素運動後一～二時間のうちに、体重一キロ当たり一グラムの炭水化物と〇・三グラムのタンパク質を摂取すべきであるとされています。

炭水化物とタンパク質の比率が優れていることを喧伝するスポーツドリンクを飲めば、回復や適応が効果的になるはずです。たとえば「エンデュロックス」の比率は、チョコレートミルクと同じ四対一（炭水化物対タンパク質）です。しかし、テキサス大学オースティン校の運動生理学者ジョン・イビーは、「魔法の比率などというものはないが、二・五対一から四対一あたりの比率が妥当でしょう。数時間に及ぶ運動の場合は、六対一という数字が適切かもしれません」と述べています。

比率はどうであれ、運動後ただちに燃料補給が必要であるということは、現在でも広く受け入れられています。しかし、これをあまりにも真剣に受けとめすぎる人たちもいるということを、マサチューセッツ大学アマースト校のエネルギーメタボリズム研究所の研究が示しています。減量に努める人たちにとって、運動がもたらす大きなメリットは、インスリン感受性を高めて血流から糖を排除しやすくすることです。この研究では、ほとんど運動をしない肥満者一六人の被験者に対して、一日に一時間、五〇〇カロリーを消費できる程度の速さでトレッドミルを歩かせました。

参加者の半数には、終了直後にスポーツドリンクや食べ物の摂取によって失ったカロリーを取り戻させ、もう半数には何も摂取させませんでした。意外にも、何も摂取しなかったグループではインスリン感受性が四〇パーセント上がったのに対し、栄養を補給したグループではまったく改善が確認されませんでした。

この結果が示唆しているのは、レースに勝つことでなく減量が目的であるのなら、運動後のつまみ食いはやめたほうがよいということです。まったく何も口にしてはいけないということではありません。イビーは、運動後に少量のタンパク質を摂取した人は数時間後に過食をしにくいということを示す研究結果もあると述べています。

それでも、基本的なメッセージは明確です。「頑張って三〇分間のウォーキングで三〇〇キロカロリーを消費できたのなら、五〇〇カロリーの栄養補助食品で栄養を補給してはいけません」とイビーは述べています。トレーニング量によって、チョコレートミルクの箱の大きさが決まるのです。

ポイント

運動を終えたら、できるだけ早く（遅くとも二時間以内）に食べ物を摂取するとよい。炭水化物とタンパク質の比率は四対一が目安。

Q 運動中の脱水症状を避けるために補給すべき水分量は？

暑さのなかでの運動では、脱水症状に陥らないように十分な水分を補給することが必要です。夏場の水分補給については、「のどの渇きを感じたときでは遅すぎる」といわれます。

しかし、南アフリカのティム・ノークスのように、これと異なる結論を導き出した運動生理学者もいます。ペースダウンの真の原因は脱水状態ではなく、身体を停止させるために脳から送られる「のどが渇いた」という信号なのだというのです。

多くの研究が、のどの渇きに従って水分をとっても、汗で失った水分を補うには不十分だという考えを支持しています。ゲータレード・スポーツサイエンス研究所による二〇〇七年の研究では、ベテランランナーたちが七五分間ランニングする間に好きなだけ水分をとることを許されていたにもかかわらず、実際補給された水分量は汗で失われた水分の三〇パーセントに留まっていたことがわかりました。ゲータレードの科学者が導き出した結論は、のどの渇きを潤す以上の水分を摂取しなければならないというものでした（ただしノークスはこの解釈に異議を唱えています）。

パフォーマンスを低下させる脱水症状に関する研究は、第二次世界大戦まで遡ります。砂漠やジャングルで戦うことが多かった米軍にとって、敵よりも身体的に良い状態を保つことが重要なテーマだったからです。以降、脱水症状になると運動のパフォーマンスが低下することが、数々の研究（たとえば利尿剤の投与などによる）で明らかになりました。長時間の運動で水分補給を許されなければ、パフォーマンスが低下することも明らかになりました。一連の研究から、体重の約二パーセントを上回る量の汗をかくと動きが鈍くなるという結論が出ています。

しかしこれらの研究では、被験者はのどの渇きも感じていました。のどの渇きに応じて自由に水分を摂取した被験者（ただし汗で失った分は補給しきれていない）の体調が、汗で排出された水分量を十分にまかなえた被験者よりも悪かったことを示す研究は一つもありません。このためノークスは、のどが渇いたり動きが鈍くなったりするのは、脱水症状によって受けるダメージから前もって自分を守ろうとする身体の防衛手段なのだと主張しています。

従来の研究に欠陥があったことは、事前に被験者に水分摂取制限の有無を知らせて実施した、二〇〇六年の五〇マイル自転車競技会の研究で説明できます。自由に水分をとれないことがわかっていた被験者は、競技開始直後（脱水症状が身体になんらかの影響を及ぼすよりもはるか前）に、速度をゆるめてしまっていたのです。

ノークスの「中央制御室」理論は、身体そのものが被害に遭う危険にさらされる前に、脳が身体のあちこちから出される信号を感知し運動の強度を抑えるというものです。水分量が減っていくにつれて（パフォーマンスが極度に低下する前に）、中央制御室によって、のどの渇きの原因となった運動の強度が下げられます。このとき、どれほど多くの水分が失われていたとしても、実際にのどの渇きが感じられなければペースをゆるめはしないでしょう。

持久系アスリートを対象とした研究では、のどが渇くメカニズムにはかなりの個人差があることが示されています。競技中にはほとんど水分を補給しない選手もいれば、大量に摂取する選手もいます。上位成績者に、脱水状態のもっとも重い症状を示す傾向があることも興味深い点で、これもノークスの理論を支持します。

数年前まで、ノークスの主張に注目する研究者はほとんどいませんでした。しかし、水分の過剰摂取は命に関わることがわかってから（一九八〇年代にノークスによってはじめて指摘されたが、二〇年近く無視されてきた）、水分補給の考え方が見直されるようになりました。現在でも多くのガイドラインでは、汗で失う水分量の限界を体重の二パーセント未満に設定しようとしていますが、その根拠は、以前ほど強力なものではありません。

この点については、ノークスのアドバイス（二〇〇七年の『メディスン・アンド・サイエンス・イン・スポーツ・アンド・エクササイズ』に掲載）は傾聴に値します。「のどが渇いたという合図に従って水分を摂取しましょう。のどが渇いたら水分をとり、そうでなければとらない。それ以外は気にしなくてよいのです」

ポイント

従来、体重の二パーセントを超える水分を失うとパフォーマンスに支障をきたすと考えられてきたが、のどの渇きを感じたときだけ水分を摂取すべきという考え方もある。

Q 水を飲みすぎると何が起こるか？

二〇〇七年、三人の子をもつ二八歳の母親が、ローカルラジオ番組主催のイベント『Hold your Wee for a Wii（Ｗｉｉのためのおしっこ《ウィー》我慢大会）』参加後にサクラメントの自宅で倒れ、息を引きとりました。

途中でトイレに行かずにどれだけ多くの水を飲めるかという企画で、優勝賞品は任天堂のゲーム機Ｗｉｉでした。彼女の死は、水中毒という名前でも知られる「低ナトリウム血症」によるものと考えられています。大量の水分をとったために血液内のナトリウム濃度が下がり、さらにこのケースでは、致命的な脳浮腫を起こしたのです。

過去一〇年、主要なマラソン大会のメディカルディレクターは、水分の過剰摂取の危険性について警告を出すようになりました。一九八一年、ウルトラマラソンレースの「南アフリカ・コムラッズマラソン」の最中に低ナトリウム血症で死者が確認されて以来、かなりの犠牲者が出ているためです。このような症状はまれであったため、救護チームは脱水症状と勘違いし、衰弱したランナーの体にさらに水分を注ぎ入れて症状を悪化させてしまうという事態がしばしば発生しました。現在ではマラソン開催者らが注意を払っているため、同じ過ちは少なくなっています。

低ナトリウム血症は、はっきりとした初期症状が出ないこともあり、一般に考えられているよりも発生頻度が高いものです。ロンドン大学の研究者は、二〇〇六年のロンドンマラソンの参加者八八人を被験者とし、競技の開始前と終了後の血液サンプルを採取してナトリウムの値を測りました。

驚いたことに、一一人(一二・五パーセント)が異常に低いナトリウム値を示し、無症候性低ナトリウム血症を発症していました。その年のレースは冷え込んで雨も降っており、選手たちがよけいな水分補給を思いとどまった点を考慮すると、非常に高い数字です。予想どおり、低ナトリウム血症の症状が出たランナーたちの水分摂取頻度(約一・六キロごと)は、健康状態に異常のないグループ(約三・二キロごと)よりもかなり高いことがわかりました。

この調査においては、具合が悪くなって苦しむランナーはいませんでしたが、ナトリウム値の低い被験者が多いという結果は、多くのランナーが沿道でできるかぎり水分をとろうとしていることを示唆しています。水分をとる時間そのものが長くなるので、ゴールまでに四時間以上かかる人たちのリスクが高くなるように思われます。

スポーツドリンクにはナトリウムが含まれていますが、それによって低ナトリウム血症が起こりにくくなるかはわかっていません。最善の対策は水分をとりすぎないことです（専門家によれば、摂取量は二〇分間ごとに二四〇ミリリットル程度）です。水分補給は「のどの渇きを感じたとき」だけに留めるべきだという専門家もいます。

ポイント

水分をとりすぎると塩分の値が下がって（低ナトリウム血症）危険な状態となり、死に至る恐れがある。二〇分間ごとに二四〇ミリリットル程度の水分をとるようにすること。

Q スポーツドリンクに本当に必要な栄養素は？

最近、「運動中に補給すべきは水だけ」という従来の考え方を否定するような研究成果が見られるようになってきました。炭水化物は飲むことはできないが、それを含む飲み物で口をすすげば、運動のパフォーマンスが向上するというのです。

ご存じのとおり、近頃のスポーツドリンクに入っているものは炭水化物だけではありません。敏捷性から代謝作用まであらゆる機能の向上を謳う最先端の添加物が、各々のスポーツや活動レベルごとに配合されているのです。しかし誇大宣伝には慎重にならなくてはいけません。グエルフ大学の研究者ローレンス・スプライエトは、どのメーカーのスポーツドリンクでも基本的な成分は同じだといいます。主要な成分のうち、重要度の高い順に三つ示します。

1　水分――「運動に没頭すれば、身体は水分を失っていきます」と、ゲータレード・スポーツサイエンス研究所のカナダ諮問委員長でもあるスプライエトは述べています。脱水症状とパフォーマンスとに関連性があることは明確です。細かい点についてはいまも論争が続いていますが、運動中にのどが渇いたら、パフォーマンスが低下することは明らかです。

2

炭水化物――スポーツドリンクには、糖が消化されやすいよう、たいていはぶどう糖か、または別の形で炭水化物が含まれています。血糖値を維持し、激しく動く筋肉にグリコーゲンとして留まります。一時間以上続く運動には欠かせないものです。従来、スポーツドリンクに含まれる炭水化物は全体の約六パーセントで、一般的なジュースやソフトドリンクに含まれる量の約半分でした。バーミンガム大学の研究者アスカー・ユーキャンドロップの最近の研究（『ニュートリション・アンド・メタボリズム』に掲載）では、この濃度は、吸収スピードを遅くせずに胃が処理できるぎりぎりの値とされています。

エネルギーを蓄えても無意味な短時間の運動に、なぜ炭水化物をたっぷり含んだ飲み物が役立つのかについて、科学者たちはずっと頭を悩ませてきました。

バーミンガム大学での自転車競技の選手を対象とした二〇〇九年の研究によれば、ぶどう糖または味のない炭水化物を含んだ飲み物で口をすすいだ場合には、タイムトライアルのタイムが伸びましたが、人工甘味料を含んだ飲み物で口をすすいだ場合には、まったく改善が見られませんでした。脳スキャンによれば、ぶどう糖またはマルトデキストリンと呼ばれる味のない炭水化物を摂取した被験者では、応答した脳の中心部分が浮かび上がりましたが、人工甘味料では変化は見られませんでした。

つまり、口はもともと炭水化物センサーをもっていることを示唆しています。スポーツ科学者は一流のアスリートに対して、苛酷な長距離レースのゴールが近づいたときに、たとえ飲み物を一切受けつけない状態であっても、スポーツドリンクで口をすすいで吐き出すようにアドバイスしています。

3 塩分――電解質は汗で失われた塩分にとって代わるものであり、痙攣の抑制に役立つと考えられていますが、多くの人びとにとっては、運動後の回復に深く関わるものです。「塩分が問題になるのは、かなり激しいトレーニングをしている人です」とスプライエトは述べています。

トレーニングが一時間未満の一般人は、水以外の飲み物を摂取する必要はありません。スポーツドリンクを飲みたければ、炭水化物の含有量が少ないもの（六パーセントよりも三パーセントのほうがよい）を選ぶか、一般的なスポーツドリンクを水で薄めます。スポーツドリンクに含まれる最先端の添加物についての宣伝文句を信用してはいけません。先ほど挙げた三つ以外のものが入れば科学は衰弱していきます。

アメリカでは、ゲータレードの製造ラインが、二〇〇九年の米国科学諮問委員会の解体と同時に再開することが決まりました。その新商品は、朝の元気を供給するビタミンCやエネルギー代謝に役立つビタミンD、集中力を高めるテアニン、「身体を守る」抗酸化物質などが特別に配合されていることを自慢げに紹介しています。しかし、スプライトは感銘を受けません。「誰もがことを複雑にしたがりますが、長年、基本的な成分を変えない理由があるのです。水、糖、塩。これがすべてです。これでうまくいくのです！」

ポイント

一〜二時間以上運動を続ける場合、糖分と電解質が六パーセント未満の水分を補給するとよい。

Q 抗酸化ビタミンで運動のメリットが失われる？

毎年、風邪やインフルエンザが流行《はや》るころになると、ビタミンCの予防効果を期待する消費者によって、オレンジジュースの売行きが一気に上がります。抗酸化物質（ビタミン

C・E、さらにはベータカロチンからいま流行りのレスベラトロルまでのさまざまな分子）の効果に対する信頼は、ゆるぎないものになっています。

しかしこの数年間におこなわれた大規模な研究の多くで、抗酸化サプリメントの健康効果を確認できていません。逆に、これらの摂取が運動効果を低下させ、トレーニング後の筋肉の回復を遅らせる恐れがあることを示唆する研究結果もあります。もちろん、二、三件の研究結果をもとにビタミンの時代が終わったと断定するのは尚早です（ずっと前、ビタミンが急に流行りだしたときも同じでしたが）が、さまざまな疑念がわき起こるのも当然です。

「ビタミンCなどを十分に摂取することは重要です」と、オンタリオ州セントキャサリンズのブロック大学の生理学者ステファン・チュンは述べています。「ただし、たんに摂取量が多ければよいというわけではありません」

抗酸化物質は加齢や疾病に結びつく「フリーラジカル」を撃退します。このフリーラジカルの生産は運動によって促されるので、アスリートたちは必要以上に抗酸化サプリメントの摂取をアドバイスされることになります。しかし、運動そのものにも抗酸化作用はあるのです。運動をしている間、身体は運動によるフリーラジカルの急増を受けて、徐々に独自の抗酸化物質をつくることを覚えていきます。いま支持を増やしている理論は、必要以上の抗酸化物質を摂取してしまうと、身体が自力で適応しようとする機会を失ってしまうというものです。

二〇〇九年、ドイツのイェーナ大学のマイケル・リストーらは、四週間の運動プログラムの、インスリン感受性（運動によって得られる最大の健康効果の一つ）への影響についての研究結果を発表しました（『米国科学アカデミー紀要』に掲載）。被験者四〇人の半数にプラシーボ（偽薬）を摂取させたところ、インスリン感受性に向上が見られました。残りの半数の志願者にビタミンC一〇〇〇ミリグラムとビタミンE四〇〇IUを毎日摂取させたところ、プログラムに従った運動をおこなっていたにもかかわらず、何の変化も確認されませんでした。

リストーは、この結果は抗酸化物質が明らかに悪者であることを示唆しているといいます。「この結果から、果物や野菜が、抗酸化物質を含んでいながらもヘルシーなものであることを推測できます。果物や野菜に含まれるこれら以外の成分が、健康を増進させる役割を担っているのです」

激しい運動によって発生したフリーラジカルが起こす筋肉の損傷や痛みを、抗酸化物質である程度緩和できるという主張は非難の的になっています。二〇〇九年、ポルトガルのナショナルカヤックチームを対象にした研究によれば、プラシーボを投与したグループよりも、抗酸化物質のカクテルを投与したグループのほうが、トレーニング後の筋肉の回復速度が遅くなることがわかりました。

この研究の主筆であるポルト大学のビクトル・ユーゴー・テイシェイラは、フリーラジカルは、アスリートが無理をしすぎないよう自然にブレーキをかける働きをしているのではないかと推測しています。抗酸化物質の薬剤を摂取するとそのブレーキ効果が失われ、筋肉にさらなる負荷をかけて大きな損傷に耐えうるよう仕向けてしまうのです。これが本当なら、アスリートは競争前に抗酸化物質を摂取すれば他の選手より優位に立てます。ただしこれが習慣化すれば、回復がうまくいかずに問題が生じるでしょう。

抗酸化物質がトレーニングの成果を台なしにするものだとしても、インフルエンザの撃退に役立つなら喜んで摂取する人も多いはずです。チュンは、抗酸化物質がウルトラマラソンのようにとてつもなく激しい運動において、免疫機能アップに役立つ可能性があると述べています。

しかし、日々の生活で同じ効果が得られるかどうかは明らかではありません。昨年、チュンたちは被験者に中強度で自転車を二時間こがせ、二週間にわたって一日当たりビタミンC一五〇〇ミリグラムを摂取させ、免疫機能に効果があるかどうかをテストしましたが、結果は「影響があったとしてもごくわずか」というものでした。

チュンは、食事から十分なビタミンCを確実に摂取すること、それができないのならサプリメントに頼る前に食生活を変えることをアドバイスしています。科学者の間では現在も議論が交わされていますが、チュンのアドバイスは賢明であると思われます。いつかきっと、果物や野菜に含まれる成分のうちのどの分子が良い効果をもたらしてくれるのかが正確にわかるようになるでしょう。とはいえ、果物や野菜をたっぷり食べてさえいれば、それが何なのかを心配する必要はないのです。

ポイント

ビタミンCやビタミンEのような抗酸化物質は、運動がもたらす健康効果をわずかに妨げ、運動後の筋肉の回復を遅らせる可能性がある。

Q プロバイオティクスを摂取したほうがいいか？

ここ数年、食料品店の棚は「役に立つ」バクテリアによって占領されてきました。とくに乳製品コーナーでは大々的に宣伝されています。一般的にプロバイオティクスとは、お腹のなかにいるバクテリアに働きかけて健康に良い効果を与える微生物のことを指します。ヨーグルトやチーズの発酵過程で用いるラクトースを常食とするバクテリアがその代表格です。

特定のプロバイオティクスの菌株が、免疫機能を高める可能性があることが明らかになっています。抗生物質がお腹のなかにいる有益なバクテリアを死滅させてしまい、下痢のような胃腸障害になりやすくなることがあります。

三四件の研究を調べた結果、以下のプロバイオティクスの菌株（サッカロマイセス・ブラウディ菌、ラクトバチルス・ラムノサス菌、ラクトバチルス・アシドフィルス菌、ラクトバチルス・ブルガリクス菌）は、いずれも抗生物質が引き起こす下痢などのリスクを抑え、その症状を軽減させることがわかりました。また、プロバイオティクスが呼吸器官の粘膜の裏層を強化し、風邪や咳などのようなウイルス感染を阻止する役割を果たしていることもわかっています。

マラソンのトレーニングなどで極限まで体力を使うと一時的に免疫力が低下する可能性があるということで、アスリートはプロバイオティクスの効果に強い関心を寄せるようになりました。二〇〇八年、オーストラリア国立スポーツ研究所は、ラクトバチルスＬ・

ファーメンタム配合のカプセル、またはプラシーボ（偽薬）を、四か月にわたる冬期のトレーニングの間、二〇人の一流ランナーに摂取させる研究をおこないました。

最終的に、呼吸器系の感染症状が出た日数は、プラシーボ群ではプロバイオティクス群の二・四倍で、症状自体もより重かったことがわかりました。あわせて血液サンプルも採取したところ、プロバイオティクスを摂取した被験者は、免疫機能の指標であるインターフェロンガンマの値が上昇していたこともわかりました。

ヘルシンキマラソンに向けてトレーニング中だった一四一人のランナーを対象に、ラクトバチルス・ラムノサス配合のカプセルまたはプラシーボを、マラソンまでの三か月間摂取させた実験（マラソン後も二週間観察）では、呼吸器系の疾病の感染または胃腸障害を「発症」した件数は、両グループ間で差がありませんでした。

ただし、胃腸障害が治癒するまでの日数は、プロバイオティクス群（マラソン前では二・九日間。マラソン後では一・〇日）が、プラシーボ群（マラソン前では四・三日間。マラソン後では二・三日間）より短いことがわかりました。

これらの結果は勇気を与えてくれるものです。問題は生菌のバクテリアの効果が菌株によって異なり、そのなかでもっとも良いものはどれで、どれだけの量を摂取すればよいかということについて、まだ意見が一致していないことです。

科学的研究は完全ではありませんが、生きた培養菌入りのヨーグルトのような食品を食事に組み込むことには意味があります。プロバイオティクスが何もしてくれなかったとしても、栄養のあるおいしいヨーグルトをたくさん食べましょう。

ポイント
プロバイオティクスは呼吸器系の感染や消化器系の障害を撃退するのに役立つが、どのバクテリア菌株が最適で、どのくらい必要なのかはまだわかっていない。

Q ビタミンDはアスリートにとって重要な栄養素か?

二〇〇九年、英マンチェスター大学で、女子学生九九人に片足ジャンプと両足ジャンプをセットでおこなわせた後に血液を調べ、体内に含まれるビタミンDを測定するという研究がおこなわれました。

その結果、明らかな相関関係が見出されました。ビタミンDの値が高い被験者ほど素早く力強いジャンプができたのです。この結果は長年の疑問に答えるものとなりました。「日光のビタミン」は、パフォーマンス向上のために自然から得られる最高の贈り物であることがわかったのです。しかし、話はそう単純ではありません。

過去数年間、ビタミンDは優れたビタミンであるといわれてきました。仲間のビタミンの正体が次々と暴かれていく一方、ビタミンDに対する好意的な研究結果が増えていきました。

ビタミンDには癌と闘い、骨を形成し、心疾患に対抗し、免疫機能を高めるといった、さまざまなメリットがあります。しかし、ビタミンDは太陽の紫外線に反応して体内で生成されるため、赤道から離れた場所で暮らす人びとの場合は、とくに冬場に不足する恐れがあります。ビタミンDは、脂肪を含む魚や強化ミルクのような食品からも摂取できますが、大部分は日光またはサプリメントから摂取せざるをえません。

日光とパフォーマンス向上とを関連づける研究は、一九三八年にロシアでおこなわれた調査にまで遡ります。学生の一〇〇メートル走のタイムを比較したところ、紫外線の照射を受けた四人では七・四パーセント改善したのに対して、そうではないグループではわずか一・七パーセントの改善に留まりました。

その後一〇年間、ドイツの研究者が太陽灯を用いてパフォーマンスの向上を試みる研究を実施し、ビタミンDが影響を与えていることを明らかにしました。しかし、この研究は一九六〇年代には縮小して、正確な結論が出ないまま幕を閉じました。

他に、反応時間や筋タンパクの合成のような因子とビタミンDとの関わりを見る研究も実施されていますが、二〇〇九年の専門誌（『メディスン・アンド・サイエンス・イン・スポーツ・アンド・エクササイズ』）の記事には、運動のパフォーマンスと血液検査で得られたビタミンDの値との直接的な関連性を見出した研究は存在しない、と書かれています。

ビタミンDの「欠乏症」をどう定義するかも議論の的になっています。二〇〇八年の研究（『アメリカン・ジャーナル・オブ・クリニカル・ニュートリション』に掲載）によれば、アメリカ人では子どもも大人もビタミンDの値が一九八〇年代以降低下しているとされています。太陽の下で過ごす時間が減ったことや、牛乳をあまり飲まなくなったことが原因と考えられます。

研究によれば、成人の約半数でビタミンDの値が最適値以下であるということです。また、マンチェスター大学の学生の四分の三がビタミンD欠乏状態であることも判明しました。ビタミンDの値が高いほどジャンプのパフォーマンスに改善が見られたことも、驚くべきことではないということになります。のどの渇きを感じたときには、一杯の水を飲むだけでもパフォーマンスは向上するのですから。

ビタミンDとさまざまな疾患との因果関係を解き明かすために、数千人規模の大がかりな研究が現在もおこなわれています。ビタミンDの値に気を配り、サプリメントを摂取し、たっぷりと日光を浴びることとの必要性を示す根拠は十分にあります。正常値に達した後も、さらにビタミンDを摂取することでパフォーマンスが向上するかどうかは、いまのところはっきりとわかりません。しかし、ビタミンD欠乏状態が正常値へと改善すれば、足どりが軽やかになることは間違いありません。

ポイント

ビタミンD（日光ビタミン）は良い健康状態を保つのに重要であるが、欠乏症ではない人が余分にビタミンDをとって運動のパフォーマンスがさらに改善されるという根拠はない。

Q ベジタリアンでも激しい運動に必要な栄養をまかなえるか？

二〇一〇年の二四時間ランでアメリカ新記録を出した三六歳のスコット・ジュレクが、

一日に二七〇キロもの距離を走りきったことは、多くの人から偉業として讃えられていま す。

しかし、この功績に特別の注目が集まっている理由は、彼が厳しい完全菜食主義者（ヴィーガン）の食事を守っていることにもあります。毎週二二五キロ以上の距離を走り、肉も動物性食品も一切とらないのに、一日に五〇〇〇～八〇〇〇カロリーを消費することがなぜ可能なのか、人びとは不思議に思ったわけです。

アスリートを目指す菜食主義者たちは、ベジタリアンの食事にはタンパク質や鉄など必要不可欠な栄養素やカロリーが不足しがちになることを気にしてきました。しかし、菜食主義者のアスリートと、一般のアスリートとのパフォーマンスを比較した研究では両者に差がないとする結果が出ています。

一九七〇年の研究では、両者の間で肺機能および大腿部の筋肉量に差がないことがわかりました。一九八六年のイスラエルの研究では、菜食主義者の女性アスリート群とそうでないグループとの間に血清タンパク質の相違は見られないことがわかりました。また、一九八九年のドイツの研究では、菜食主義者とそうでない人たちとで、一〇〇〇キロ走のタイムに差が出ませんでした。

もちろん、一般的な西欧型の食事をとっている人が、タンパク質を完全にカットしてしまったら、激しい運動メニューに耐えうる十分なタンパク質を摂取することはきわめて難しくなります。しかし、野菜のタンパク質という素晴らしい成分を十分に摂取するのなら、必要なタンパク質を得られます。また、菜食主義者の人が十分なカロリーを摂取するには、食べる量を多めにすればよいのです。

ジュレクは、『ニューヨーク・タイムズ』の記者に、「心配すべきは、食べ物の種類ではなく、食べる量です」と語っています。「ゆっくりと食事をする時間をとり、カロリー摂取量が十分になったかどうかをたしかめればよいのです」

ただし、菜食主義者や完全菜食主義者が留意すべき特殊な問題もあります。ほうれん草やケールなどの葉物野菜には鉄が多く含まれていますが、これらから実際に身体に吸収されるのは、摂取量のわずか一〇パーセント（肉の場合は一八パーセント）に留まります。女性の持久系アスリートは、とくに鉄分の値が低い傾向があるため、検査値が低ければ、鉄のサプリメントを利用する必要があります。

二〇一〇年のジョエル・フラームとディーナ・フェラーリによる調査（『カレント・スポーツ・メディスン・レポート』に掲載）では、菜食主義・完全菜食主義のアスリートは、他にも微量栄養素が不足する可能性があると指摘しています。とくに亜鉛、ビタミンB12、オメガ3脂肪酸、ドコサヘキサエン酸は身体的活動には重要なものですが、吸収が難しく植物源からは十分に摂取しにくいため、彼らはサプリメントによる摂取を推薦しています。

フラームとフェラーリは次のような結論を出しています。「厳格な完全菜食主義者（またはそれに近い人）の食事は、テニスやスキー、バスケットボール、陸上競技、サッカーなど、スピードをともなうスポーツの栄養的なニーズに応えることはできますが、フットボールのラインバッカーのように、約一一〇キロ以上の体重を維持するには理想的ではないかもしれません」

スコット・ジュレクの場合は、一日の消費カロリーが八〇〇〇カロリーにまで達するようになったため、この結論には賛成しないかもしれませんが、そのように並はずれたカロリーを消費するには、特別な尋常でない努力が必要であることは間違いありません。もっとも大半の人は、一一〇キロの体重を維持したり一度に二四時間走ったりすることを望んではいません。それならば、バランスのとれた完全菜食主義者や菜食主義者の食事は、必要な栄養素を十分に満たしてくれます。

ポイント

必要な栄養素をすべて含んだバランスのとれた食事であれば、菜食主義者のアスリートと菜食主義でないアスリートの、運動による生理学的な相違はない。

高タンパクの植物

ほうれん草（加熱済み　3カップ）	タンパク質15グラム
アスパラガス（加熱済み　3カップ）	タンパク質12グラム
レンズ豆（加熱済み　1カップ）	タンパク質18グラム
オーツ麦（乾燥　2分の1カップ）	タンパク質13グラム
キヌア（加熱済み　1カップ）	タンパク質 8グラム

第11章 心と体

現在ウェールズで、エアロバイクを用いたパフォーマンス向上についての研究がおこなわれています。被験者は一日に四五~九〇分のハードなトレーニングを週五日おこないますが、その間、認知力を問われるコンピュータゲームも併行しておこなうのです。この研究は、脳を鍛えれば身体のパフォーマンスも向上するという仮説をベースにおこなわれています。

結果はわかりませんが、以前であれば科学界の失笑を買いかねないこの種の実験が真面目におこなわれていることからも、この一〇年で脳と身体の関係への理解が深まっていることがわかります。

運動生理学では、長年、試行錯誤を繰り返しながらアスリートの心臓、肺、筋肉を対象に、身体的なパフォーマンスの限界を追究してきました。近年では、脳が身体活動に驚くほど大きな影響を与えていることが解明されはじめています。同時に、その逆も明らかになってきました。つまり、運動が脳を活性化し発達させて、記憶力や認知力を高めるのです。運動の種類によってより大きな効果が見られます。

Q 脳が疲れていると身体的なパフォーマンスも低下するか?

職場ではコンピュータの前に座りっぱなしだという人も多いでしょう。身体を動かすといっても、たまに席を立って廊下へ出る程度。とくに身体がきついと感じることはないはずです。しかし仕事を終えてジムへ行くと、動くのが辛いと感じることがあるかもしれません。午後に仕事上のトラブルを片づけるのに苦労した日はとくにそうかもしれません。

ウェールズ大学バンガー校では、この現象を研究しました(二〇〇九年『ジャーナル・オブ・アプライド・フィジオロジー』に掲載)。この研究では、一六人の被験者に二つの条件下でエアロバイクをこがせました。片方のグループには事前に九〇分の認知テストを受けさせ、もう片方のグループには電車と自動車がテーマのドキュメンタリー番組を九〇分間見せました。結果は予想どおりでした。認知テストを受けた被験者は、映像を見ていた被験者よりも一分五四秒短い、平均一〇分四〇秒で疲労感を感じたのです。

こうした研究から、頭を使うことは身体的なパフォーマンスに影響するほどにエネルギーを必要とするといえそうです。映像を見ていた被験者の心拍数は六二BPMでしたが、認識テストを受けた被験者はそれより少し高い六五BPM。脳が必要とするぶどう糖の量が増えたと考えられます。

ただし運動中に採取されたデータによれば、心拍数の差は大きな要因ではなかったことがわかります。心拍数、酸素消費量、血糖値などの観点では、両グループとも運動に対して等しい生理反応を示していたのです。唯一の違いは、各被験者が感じた運動のきつさの度合いのみでした。テストを受けて精神的に疲労していた被験者はペダルをこぎはじめてすぐに疲労を感じ、先にペダルをこぐのをやめました。これは疲労に対する生理学的な基準がより低かったことを示しています。

従来、体力が限界に達すると疲労が生じると理解されていましたが、この研究でその認識に不備があったことが証明されたといえます。「全体を通して考えると、身体的なパフォーマンスは、心肺機能や筋力などではなく、最終的には疲労感で決まるところが大きい」と報告書には掲載されています。

興味深いのは、運動中の疲労感をコントロールしているのは前帯状皮質と呼ばれる脳の一部であり、先の実験で九〇分の認識テストをおこなったときに活性化したのもまさに脳のこの領域だという点です。筋肉自体はまったく影響を受けていなくても、頭を使って懸命に考えると、身体を動かそうとする気力を阻害するのかもしれません。脳を鍛えて前帯状皮質が疲労を認識するのを遅らせれば、椅子に座ったままでも身体的なパフォーマンスを向上させることができるかもしれません。バンガー校の研究チームはこの画期的な仮説を検証しているところです。

この研究は、苛酷なトレーニングや大会を前にしたアスリートは心を落ち着かせることが重要だと強調しています。その一方で、仕事後の運動が良いことも誤解のないように指摘しています。中程度の運動であれば、精神的な疲労が影響するとしてもごく軽いものであり、トレーニングはストレス解消にもなるのです。ただ、面倒な仕事をやりとげた日には、ジムでの運動は少し抑え気味にしたほうがよいということを覚えておきましょう。

ポイント

精神的な疲労が身体的パフォーマンスの低下を引き起こす。疲労は身体の疲労よりも脳が疲労を感知する力でコントロールされることがわかっている。

Q トレーニング中に考えごとをしていると影響がある？

屋外でのランニングやサイクリングでは、爽快な気分を味わえます。行き先を決めずに足の向くままに進みながら、その日の予定を考えたり、あるいは何も考えずに頭を空っぽにしたりするのにもうってつけです。

自己ベストタイムを縮めようとしている人にも朗報があります。トレーニング中に何を考えているかによって、トレーニング効果が大きく変わることを示唆する研究結果が増えているのです。「アスリートにとっては、身体的な強さだけではなく、精神的な強さも重要」とトロントのヨーク大学の研究者ジョー・ベイカーは述べています。

過去数十年の研究によって画期的な結論が導き出されました。スポーツや音楽、科学などさまざまな分野で大成できるかどうかは、もって生まれた才能よりも、いかに「計画的訓練」に時間をかけたかによるというのです。

「計画的訓練」というのはフロリダ州立大学の認知心理学者アンダース・エリクソンの用語です。エリクソンの独創的な研究には、以下のようなものがあります。有名な交響楽団に所属する名演奏家は、一八歳までに平均七四〇〇時間の計画的訓練をしており、一般的にプロと呼ばれる演奏家だと平均五三〇〇時間、プロのバイオリニストを諦めて講師になる人はわずか三四〇〇時間だったというのです。

計画的訓練とは、単純に動作を繰り返すだけでなく、具体的な目標を定め、パフォーマンスの出来を確認しながら、つねに技術の向上に努めることです。持久力を求められる競技のトップアスリートは、計画的訓練に該当するさまざまなトレーニング技術を用いています。

オタワ大学のブラッドリー・ヤングとジョン・サルメラによるエリートランナーのトレーニングについての研究では、最高のパフォーマンスを発揮したグループとそうでないグループの違いは、インターバルトレーニング（高負荷と低負荷を交互に繰り返すトレーニング方法）やテンポラン（最大心拍数七〇～八〇で有酸素運動としておこなうラン）、タイムトライアルのようなメニューを、トレーニングに取り入れていた割合の違いだということがわかりました。これらのトレーニングメニューには細心の注意が必要で「質の高さと密度の濃さ、じっくりと時間をかけることが計画的訓練の要です」とベイカーは述べています。

計画的訓練では、数週間から数か月をかけてトレーニング効果を検証します。いつもの訓練をただ「する」のではなく、適切に調整しながらおこないます。ベイカーらによるアイアンマントライアスロン選手を対象とした研究によると、実績のある選手は年間のトレーニングスケジュールを慎重に立てていることがわかりました。定期的に練習を軽めにする週を設定して身体を回復させるなど、ピークに合わせたトレーニングをしっかり計画していたのです。

対照的に、初心者は可能なかぎりハードなトレーニングをしつづけて疲労が蓄積したり、ケガをしたりしてトレーニングを中断せざるをえなくなり、結局は練習時間が減っていました。

持久力系競技の選手が運動中に考えていることについては、「連想型」と「解離型」の二つに分類できます。連想型は目の前のこと（呼吸やペースなど）に集中し、解離型は、それ以外のこと（天気や夕べのテレビ番組）を頭に浮かべています。ここ数十年の研究では、速いランナーのほうがレース中に走り自体について考えており、遅いランナーになればなるほど走りとは無関係のことを考えていることがわかっています。

とはいっても「重要なのは、トップランナーが一日中、走りを連想しているとは誰も言っていないことです」とベイカーは指摘しています。心理学的にも、トレーニングのすべてを計画的にすることはありません。一日一〇時間以上を練習に費やすバイオリンの名手でさえ、計画的訓練は一日平均数時間が限度でした。趣味で運動をしている人はリラックスして気分転換したいはずです。

とはいえ週に数回、計画的訓練の要素を取り入れることで、試合でのパフォーマンスに大きな違いが生まれる可能性があります。ちょっとしたおまけもついてくるかもしれません。ヤングとサルメラによるエリートランナーを対象とした研究からは、想定外の結果も得られました。最大の努力と集中力を必要とする計画的なトレーニングこそが、ランナーにとってはもっとも「楽しい」トレーニングだということがわかったのです。計画的訓練は辛い反面やりがいもあり、試合日には大きな満足感が得られるのです。

ポイント

もっとも有効なトレーニング方法は「計画的訓練」である。漫然とトレーニングを繰り返すのではなく、目標を定めて進捗状況を確認することが大切。

Q 音楽を聴いたりテレビを見たりすることは運動効果に影響するか？

二〇〇九年、英リバプールのジョンムーア大学が、ある研究結果を発表しました。被験者に音楽を聴かせながらエアロバイクをこがせ、気づかれないように音楽の速度を一〇パーセント上げ下げしてその影響を観察したところ、被験者がペダルをこぐ速度は、予想どおり音楽に合わせて上下したのです。音楽そのものがパフォーマンスに与える影響が大きいことがわかります。

音楽がパフォーマンスを向上させる理由としては、人が感知できる情報には限界があるため、という説がもっとも有力です。聴覚や視覚に意識がいくと、そのぶん筋肉から送られる苦痛の信号に鈍感になるのです。

セントラルワシントン大学のビンス・ナザリーによる二〇〇七年の研究が、この説を裏づけています。運動時に音楽を聴いたり映像を見たりしているときは、被験者が苦痛をそれほど感じていないという結果が報告されました。ナザリーはそれ以前の研究で、耳栓と目隠しをした被験者が運動中に感じる苦痛はかなり大きくなることも報告しています。疲労以外に意識が向かなかったのが理由と考えられます。

前述の英国の研究では、音楽と運動に関連するさまざまな要因（個人の好み、音量、ピッチ、音楽を聴く時間の長さ、ジャンルなど）を比較するために工夫がなされています。大学生の間で流行している最新の音楽を六曲選び、二五分の運動をしながら被験者に聴かせました。曲はピッチを変えずにデジタル処理で速度に変化をつけましたが、誰も曲のテンポが変わったことに気がつきませんでした。

最近になってわかったのは、テンポの速い曲は苦痛をまぎらわせるだけではないということです。つまり、音楽を聴くことで疲労感は強くはなるものの、楽しみながら運動を続けられるということです。

英ブルネル大学のコスタス・カラゲオーギスは、音楽で気がまぎれるというだけでは、音楽の社会心理的な要素を説明できないと主張しています。彼は、曲のリズム、力強さ、文化的要素、外的な関連性を、聴き手の反応に影響する四大要因と見なしています。

どんな曲または速度が、運動に普遍的な効果をもたらすのかまではわかっていませんが、カラゲオーギスは自分の好みに合わせて曲目リストをつくるべきだと考えています。ジムでは、有酸素運動のマシンのそばではテンポの速い曲をかけ、ウエイトトレーニングのコーナーでは気合の入る歌詞の曲を流すなど、かける音楽を区別したほうがいいというのが彼の主張です。

面白いことに、テレビや映像を見ながらトレーニングをするとペースが遅くなる傾向があるという研究結果もあります。気をまぎらわせすぎると苦痛を鈍らせるだけでなく、集中力が散漫になることを示しています。

ナザリーによれば、映像と音楽は自ら積極的に働きかけるかどうかという点で異なるようです。テレビを見るときは、自らの意思で頭をテレビのほうに向けなければなりませんが、音楽は何もせずにただ聴いているだけでいいのです。「映像と音楽の違いという点では、音楽のリズムも重要です」とナザリーは述べています。

ですから、ポッドキャストやラジオのトーク番組を聴くのは、どちらかというとテレビを見る感覚に近くなります。ただし、この仮説はまだ試験段階で、明確な結果は出ていません。

もちろん、「行きすぎた」気晴らしでも、それで運動を続けられるのなら効果があるといえます。しかし、その気晴らしがもたらす影響に気を配るのは無駄なことではありません。いろいろな運動をしながら、曲の違いで気持ちがどう変わるのか、パフォーマンスにどう影響するのか注意して観察してみましょう。いざというときに自分を鼓舞する方法が見つかるかもしれません。

☝ポイント

音楽への反応は個人によって大きく異なる。映像を見ながらの運動は運動への集中力が低下する場合がある。

Q プレッシャーがきついと集中力やパフォーマンスが上がる?

ゴルフコースでここ一番のパットを決めようとしているときに、後ろのグループから、「おい、ちょっと早くしてくれないかな」と言われることほど嫌なものはありません。

ところが、それがパフォーマンス向上に役立つかもしれないと主張する研究があります。慣れ親しんだ複雑な動きをするとき、細かい動きに集中しすぎるとパフォーマンスが悪くなることが、心理学などでも明らかになっています。ゴルフのパットやバスケットのフリースローなどでは、意識を集中しすぎると失敗しやすくなります。気をまぎらわすくらいがちょうどいいというのです。

オーストラリア、ビクトリア大学のカナダ人研究者クレア・マクマホンは、靴の紐を結ぶといった単純な動作でも、人は最初は動作を一つずつ意識しながらおこなっていると述べています。その後、手続き記憶（長期記憶の一種で技能や手続き、ノウハウを保持するもの）に蓄積された一つひとつの動作を組み合わせていくのです。マクマホンは、二〇〇二年にサッカーの初心者とベテラン選手を対象とした研究をおこないました（『ジャーナル・オブ・

エクスペリメンタル・サイコロジー』に掲載)。

被験者にテクニックに集中してドリブルさせた場合と、音楽を聴かせながらドリブルさせた場合、初心者チームはテクニックに集中しているときのほうがパフォーマンスが良く、ベテラン選手は音楽で気をまぎらわせたときのほうが良い結果が出ました。しかし、被験者に利き足とは逆の足でドリブルをさせた場合には、初心者もベテラン選手もテクニックに集中しているときのほうがパフォーマンスが向上しました。トップレベルの選手でも、利き足ではない足でプレーするときは初心者と同じだったのです。

この研究を立案したシカゴ大学のシアン・ベイロックは、二〇〇九年に別の実験結果も発表しています。ゴルフの初心者とベテラン選手を対象に、できるかぎり早くパットを打った場合と、好きなだけ時間をかけてパットを打った場合を比較したのです。

ここでも初心者とベテラン選手の結果には違いが出ました。初心者は時間をかけたほうが良いパフォーマンスをし、ベテラン選手は急かされたほうが良い結果を出したのです。「はっきりしているのは、一つひとつの動きに集中しすぎると全体の流れが阻害されることです。これはストレスにさらされると生じる〝息詰まりの状態〟です」と、ベイロックは説明しています。

バスケットやアイスホッケー、珍しいところではダーツを対象とした研究でも、同様の結果が得られています。二〇〇九年の研究（『ジャーナル・オブ・スポーツ・サイエンス』に掲載）では驚きの結果が報告されました。一見、シンプルな動作だと思われているランニングでも、動きの細部にこだわりすぎるとパフォーマンスが低下したのです。

フォームや呼吸を意識したランナーは、意識しないランナーより酸素とエネルギーの消費量が多かったのです。ウォーキングやランニングも実は複雑な動作だということが裏づけられました（歩くのが複雑な動きだとは信じられないというのであれば、ロボットを歩かせることがいかに難しいかを考えてほしいとベイロックは指摘しています）。

もちろん、テクニックを身につけるにはまず意識的な動作をおこなう必要があります。しかしある程度上達した後は、プレッシャーを感じたときは、自分のやり方にこだわりすぎるとうまくいかなくなる場合があると覚えておきましょう。マクマホンは、この情報は試合中の戦略にも使えると述べています。テニスの試合で相手に点をとられたら、「いまのはすごいサーブだね、手首の強化に何か特別なことをしているの？」と褒め言葉を言ってみましょう。

ポイント

初心者には集中することが効果的だが、一定の技能の修得後は集中しすぎると逆に動き

が堅くなることがある。

Q 身体を鍛えると頭も良くなる？

本章で取り上げた研究の多くは、脳が運動にどう影響するのかをテーマにしています。しかし逆の研究もあります。運動が脳にどんな影響をもたらすのかという視点です。筋力を鍛えると心理状態や記憶力、ひいては脳自体の構造まで変化します。長期的に見ると、運動をすることで頭の回転が速くなるのはほぼ間違いありません。齧歯《げっし》動物を使った研究で、身体的活動が脳の発達をより活発にし、網の目のように複雑に枝分かれしている神経細胞同士の結合を広げ、脳細胞の成長を刺激することがわかっています。とくに青年期から成人期の初期にかけて、こうした刺激は非常に重要になります。この時期に中枢神経系が急速に成長して、それがほぼ生涯を通して維持されるためです。

一九五〇～七六年にかけて徴兵検査を受けた一八歳の男性一二〇万人の記録を追跡調査したスウェーデンの大規模な研究（二〇〇九年に発表）では、筋力ではなく有酸素運動が知能に大きく関与していることがわかりました。

一五～一八歳の間にもっとも有酸素運動をしていたグループは、運動をしていなかったグループに比べて認知テストで良い成績を収めました。調査対象者のうち二六万八四九六人が同じ民族であることから、有酸素運動と知能の関連性は遺伝的な要因ではなく、運動などの環境によるところが大きいと結論づけられました。

有酸素運動には知能を上げる効果があるのに、筋力トレーニングにはないというのは意外かもしれませんが、運動がもたらす神経系への影響は血流を良くするなど全身に及ぶもので、有酸素運動をすることで心拍数が上がり血液を有効な成長因子と一緒に脳へ送れるのです。

二〇〇九年のノースカロライナ大学での共鳴血管画像を用いた研究では、定期的に有酸素運動をしていた年配の被験者は、運動をしていないグループと比べて脳内の微小血管が多く、ねじれや曲がりが少ないことが確認されました。一方の筋力トレーニングは、使っている筋肉にしか効果がないと見なされました。

脳を配線しなおすには時間がかかりますが、運動による脳の活性化はほぼ瞬時に可能です。二〇〇九年、イリノイ大学アーバナシャンペーン校で、二一人の被験者を対象にした作業記憶能力（情報を記憶し、時間をおいてその情報を思い出す能力）テストが実施されました。

有酸素運動か筋力トレーニングのどちらかを三〇分おこなった直後に作業記憶能力をテストし、三〇分後に再びテストしたところ、有酸素運動をしたグループは、運動直後におこなったテストで反応時間が向上し、二度目の評価ではさらにテストの結果が良くなりました。一方、筋力トレーニングをしたグループは、運動をまったくおこなわなかったグループと違いが見られませんでした。

こうした結果は（テストをした特定の作業記憶にしか当てはまりませんが）、有酸素運動がマインドにも効果を発揮することを示しています。

運動量を増やすほど（きつくするほど）認知能力が高まることを示唆する研究もあります。二〇〇九年の台湾国立成功大学の研究で、トレッドミルを走らせたマウスは、ランニングホイール（ランニング用の輪）を走ったマウスよりも認知能力が向上したことがわかりました。

ただし限界もあります。フルマラソンなどで極度に体力を使うと、ストレスホルモンが分泌されますが、そのレベルは軍隊で訊問を受ける場合や、はじめてパラシュートで落下するときと匹敵することもあり、精神機能を阻害することすらあるのです。ボストンマラソンとニューヨークマラソンの完走直後のランナー一四一人を調べたところ、「一時間前に起こったことは？」といった質問に対する「顕在記憶」が正常に機能しなかったことがわかりました。一方で、単語の一部を聞いてその単語を完成させる能力で測定される「潜在記憶」は向上していました。

この分野の研究成果は頻繁に発表されています。マラソン時に感じる極度のストレスがなぜ精神機能を助けたり他の機能に害を与えたりするのかや、運動がもたらす特別な成長因子のうち、どれが新たな脳細胞を生み出すもとになるのかといったことがわかる日もそう遠くないかもしれません。現時点でのアドバイスは単純です。心臓血管を改善するための運動はぜひ続けましょう。そうすれば、頭を良くすることもできるのです。

ポイント

運動をすると脳の働きが良くなり、記憶力も向上する。有酸素運動のほうが筋力トレーニングよりも効果が大きい。

第12章 練習と試合

二〇〇二年にフィラデルフィア・セブンティシクサーズがＮＢＡのプレーオフで敗退した後、練習に参加しなかったことを記者に批判されたアレン・アイバーソンは、こう反論しました。「たかが練習じゃないか。試合のときみたいに、自分はこれで終わるかもしれないと思いながら必死でプレーするわけじゃない。練習に力を入れるなんてバカバカしいことさ」。アイバーソンの態度はともかく、このセリフからは、偉大なアスリートに共通する素質の一つ、「試合中のここぞという場面で底力を発揮する力」が彼にあることをうかがわせます。

試合の直前にいつもと同じトレーニングをしていたら、身体が十分に休まらず、最高のパフォーマンスを発揮できません。一方で、競技の直前でも食事と睡眠はいままでどおりにとり、あえて新しいことをする必要はありません。一つひとつをうまく調整して、ルーティーンをこなすことで、ここぞという場面で相手に優る力が湧き、より良い試合になるのです。

Q 試合前日にはどのように調整すべきか?

一般的には、体調がいいほど試合で優れたパフォーマンスを発揮できます。初心者の多くは、数か月前に手を抜いた穴埋めをするかのように、レース前日にできるだけトレーニングをしようとしますが、スポーツに一夜漬けは通用しません。

トレーニングをすると身体に負荷がかかり、身体はそれに徐々に適応していきますが、このプロセスには時間がかかります。レースの一～二週間前のトレーニングでは体力はつかず、疲労だけが溜まるのはこのためです。ただし筋肉が必要に応じて動くようにたえず筋力を維持しなければならないので、まったくトレーニングをしないのは得策とはいえません。アスリートの多くは練習量を徐々に減らす「テーパリング」をおこなって、競技に合わせて体調をピークにもっていくようにしています。

持久力系のスポーツのトレーニングの量、頻度、強度は、そのつど検討しながらいつでも変えられます。トレーニング量を一気に減らすことも、徐々に減らしていくことも可能です。

モントリオール大学のローレント・ボスケらが、これをテーマにした研究をおこなっています。ランナー、水泳選手、自転車選手のテーパリングに関する一八二の研究を精密に調査したところ、トレーニング量を八～一四日間かけて四一～六〇パーセントに徐々に減らすことが、最適なテーパリングであるという結論に至りました。トレーニングの頻度や強度を変えずに、量を少なくするだけでよいのです。

ボスケは、いくつかの注意点を挙げています。まず、テーパリングの効果は個人差が大きいこと。ボスケは「疲労が消えるのにわずか三～四日しかかからないアスリートもいれば、三～四週間ひきずるアスリートもいます」と述べています。これもトレーニングレベルに左右されるところが大きく、週に三回のランニングなら、レース前の二日間は休むといった程度のテーパリングでよいでしょう。

ただ、この研究には限界もあります。アスリートはまだ実証されていないテーパリング法を試すことでシーズンを棒に振りたくないと考えるため、被験者を集めることが難しいのです。このためこの分野では、確実なテーパリングテクニックを用いた研究をおこなう傾向があります。

チームスポーツでのテーパリングの分析はさらに難しくなります。さまざまな要因をプレーオフの期間中、数週間にわたって調べなければなりません。ただし、トレーニング効果と疲労リスクのバランスをとる原理は変わりません。

二〇〇二年のサッカー・ワールドカップに出場した選手を対象に、欧州の強豪クラブ一一チーム（マンチェスター・ユナイテッド、アーセナル、ACミラン、ユベントス、レアル・マドリードなど）での出場試合数などを調べたところ、ワールドカップで動きが悪かった選手はシーズンのラスト一〇週間の出場試合数が平均一二・五試合、一方で期待以上の動きを見せた選手が出場した試合は九試合でした。選手が疲労をとり除き、大舞台でベストを尽くすことができたことがうかがえます。

トレーニングを減らすと不安に感じたり、自信をなくしたりするアスリートがいるということもわかっています。NCAAクロスカントリーランニングのチャンピオン、米国リバティ大学のジョシュ・マクドゥガルは、優勝した大会の一週間前に一一〇マイル（約一七七キロメートル）もの距離を走っていたことがわかり、周囲を驚かせました。マクドゥガルは、自らの最長距離を一割減らしただけでした。その前年には型通りのテーパリングをおこなって残念な結果に終わっていました。「去年の全国大会の週に走ったのは四八マイルでしたが、レースでは足が思ったように動いてくれませんでした」とレース後にマクドゥガルは語っています。

ボスケが自分の分析結果を足がかりにして、それぞれの経験をもとにテーパリングのやり方を調整してほしいというのはこのためです。マクドゥガルのように、自信に満ちた疲れのない身体でスタートラインに立てる、その人なりの調整方法が見つかるはずです。

ポイント

試合で最高のパフォーマンスを発揮するためには、競技の前八〜一四日間でトレーニング量を四一〜六〇パーセントに徐々に減らすことが効果的。ただしトレーニングの頻度と強度は変えないようにする。

Q 試合の前夜にセックスしてもいいか？

競技前夜のセックスがパフォーマンスにどう影響するのかについては、科学的研究ではなく俗説が幅をきかせています。映画『ロッキー』で昔気質のトレーナー、ミッキーが「女は脚にくる」という俗っぽいアドバイスをロッキーにする場面があります。「男をだめにするのはセックスじゃなくて、セックスがしたくて一晩中寝ないでいること」と言ったのは、ニューヨーク・ヤンキースの伝説的な元監督ケーシー・ステンゲルです。

研究によって実証されていることはあまりありません。マギル大学のサマンサ・マグローンとイアン・シュリアによる二〇〇〇年の調査によれば（『クリニカル・ジャーナル・オブ・スポーツ・メディスン』に掲載）、このテーマについての研究はわずか三件でした。

一つは既婚男性を対象にした調査で、前の晩にセックスしたときとセックスしてから六日以上経過したときとで握力を比較するというものでしたが、測定値に変化はありませんでした。コロラド州立大学での同様の研究では反応時間、階段上り、バランス感覚を含む数多くの指標について調べましたが、はっきりとした違いは見られませんでした。また、セックスするしないを無作為に指示された被験者を対象にしたトレッドミルでの実験でも、有酸素運動能力などの指標で影響は見られませんでした。

平均的なセックスで消費するエネルギーが、階段を二階分上る程度のものであることを考えれば、パフォーマンスに影響が出ないのも納得できます。マグローンらの研究では、認識の大きな落とし穴にも言及しています。たとえば、研究対象は男性のみであり、女性アスリートへの影響は扱われていません。

それでも、セックスは確実に人体に生理学的変化をもたらします。セックスは感情に影響を及ぼすことから、そこから生まれる攻撃性などがパフォーマンスに影響しうるとも推測できます。

ただしスポーツ心理学では、高揚感や好調を感じる状態は、非常に個人差が大きいと考えられています。最高のパフォーマンスを発揮するために、気合を入れるアスリートもいれば、精神を落ち着かせるアスリートもいて、万人に当てはまる答えはないのです。

マグローンは二〇〇四年のオリンピックにトライアスロン・カナダ代表として出場した世界トップクラスのトライアスロン選手で、「大きな試合の前は、何であれいつもと同じことをするということです」とアドバイスしています。「とにかく夜はぐっすり寝るようにしてください」

ポイント

競技前夜にセックスをしても身体的な影響はないが、精神面に影響が及ぶ可能性がある。いつもと同じように過ごすことが大切。

Q コーヒーでパフォーマンスは向上するか?

二〇〇四年まで、オリンピックのドーピング検査では、濃いコーヒーを三杯ほど飲んだだけでもカフェインの陽性反応が出てしまうことがありました。世界アンチドーピング機構(WADA)がカフェインを規制対象リストから外すと、不思議な現象が起こりました。禁止が解かれてから実施されたWADAの尿検査で、カフェインの値がほぼすべてのスポーツで低下していることが判明したのです。「禁止する価値がないということは、飲んでも効果がないということだ」とアスリートたちは考えたのです。

アスリートたちは間違っていました。カナダのゲルフ大学教授で、この分野の第一人者であるテリー・グラハムは「カフェインは、一般的に認識されているような効果の低いドーピング物質(パフォーマンスを向上させる物質)ではないと思います。他の物質以上にさまざまな効能があると考えられているのです」と述べています。長年の研究から、カフェインは精神の働きを助け、摂取してから二時間は持久力が向上することが確証されているのです。ウエイトリフティングのような運動にも役立つことがしだいにわかってきました。

カフェインには利尿作用があるため脱水症状になり、持久系の競技ではパフォーマンスに支障が出るという反論も少なくありません。しかしグラハムによれば、こうした意見は完全に否定されます。カフェインを摂取してパフォーマンスが向上するのは、体内の脂肪が燃焼されてエネルギーになるからという説もよく耳にしますが、この説が誤っていることも立証されています。

カフェインの作用については、さまざまな説があります。カフェインがアスリートにプラシーボ効果をもたらしているとも考えられますが、それがすべてではありません。グラハムは、「筋肉の収縮時に脳を関与させないよう筋肉に電極をつけて刺激を加えても、カフェインの効果はわかるはずです」と述べています。現在有力なのは、カフェインが筋繊維の収縮に細胞レベルで直接影響しており、神経系から信号が送られると筋繊維がより緊密に収縮するようになるという説です。

ただし、カフェインはコーヒーとは別物です。グラハムは、錠剤のカフェインとコーヒーとで効果を細かく比較しましたが、意外にも、カフェインの血中濃度が等しい場合、純粋にカフェインだけのほうがパフォーマンスの向上が見られることがわかりました。別の研究では、コーヒーにドーピング効果があることがわかったので、グラハムはこの研究結果を誇張しないように気をつけています。

はっきりしているのは、コーヒーにはいろいろな生物活性原料が含まれているので、その効果は、純粋なカフェインのもつ明確な効果よりも見きわめるのがずっと難しいということです。

現在、北米に住む成人の八二~九二パーセントがコーヒーを飲む習慣があるといわれています。二〇〇八年の英国の研究では、自転車選手の六〇パーセントと陸上選手の三三パーセントが、カフェイン摂取で身体的パフォーマンスが向上したことがわかりました。世界レベルの陸上選手がカフェインから刺激を得ようとする割合は、アマチュアアスリートの二倍でした。

しかしグラハムは、アマチュアアスリートがカフェインの力に頼って自己ベストを出そうとすることに警鐘を鳴らしています。アマチュアアスリートは競争相手に勝つことよりも自己ベストの更新にこだわるものですが、カフェインに頼っても、それは真の自己ベストとは呼べません。グラハム自身も、二〇年のマラソン人生のなかで一度もレースのためにカフェインを使用したことがないと述べています。

ポイント

カフェインはパフォーマンスを向上させ、刺激物として直接筋肉に作用する。

Q 観客の声援でパフォーマンスは向上するか?

週末しか走らない市民ランナーでも、マラソン大会ではスタート地点で世界有数のランナーの隣りに並んだり、何千人もの観客に応援されて大都市のなかを駆け抜けたりする機会があります。たくさんの人から声援を受ければ自然と前向きな気持ちになるものです。こうしたレースで自己ベストを狙うランナーが多いのもうなずけます。ですが実際、声援にはどれほどの効果があるのでしょうか。

観客の存在がパフォーマンスに与える影響ということでいえば、プロスポーツチームにおける「地元の強み」の研究が長年おこなわれています。地元チームが有利になる理由としては、ホームチームに有利な判定を下しがちな審判、移動で疲れている相手チーム、地元チームの選手が自らの縄張りを守ろうと必死になることによるテストステロンの上昇など、さまざまな要因があると考えられています。大勢の観客が集まるという点は「地元の強み」のなかでも重要なポイントになるかもしれませんが、二〇一〇年には驚きの研究結果も発表されています。

オランダ、ティルブルフ大学のヴァン・デ・ヴォンは、イタリアのサッカーリーグの二〇〇六〜〇七年シーズンにおける、二つの例外的な状況を対象にして研究をおこないました。一つは地元のチームがペナルティーを科せられ、無観客でおこなわれた二〇試合を対象にした研究です。調査の結果、観客の有無にかかわらず地元の強みは同じように存在することがわかりました。

次に、ACミランとインテルナツィオナーレ、ASローマとラツィオなど、地元で同じ競技場をホームスタジアムとして共有しているチーム同士の試合を調べました。同じ競技場でも公式にはどちらかのホームゲームとなり、シーズンチケットを保有しているファンが優先されるため、観客の大半はホームチームのサポーターです。ところが試合ではホームの強みがまったく見られませんでした。このことから少なくともいえるのは、サッカーでホームの強みとなるのは、大きな声援よりも競技場にどれくらい慣れているかが大きいということです。

大観衆が集まる大レースへの出場でパフォーマンスが向上しないということではありま

せんが、友人や家族、見ず知らずの他人からの応援が、必ずしも必要だということではありません。大きなイベントに参加すると感じるストレスや不安によってアドレナリンが分泌され、「闘争か逃走か」反応を活かしていつも以上の能力を引き出せるのです。「地元のマラソン大会では、ボストンマラソンに出場するときほど気分は盛りあがらないでしょう」とヴァン・デ・ヴォンは述べています。

しかし、たとえば地元のマラソン大会に出場する場合は、自宅があるので泊まりがけで移動しなくてすみますし、日頃の練習でコースを走って道に慣れることもできます。最終的には、その人にとってベストの選択をすることが大切だといえます。試合前に不安になるなら地元のレースが向いているでしょうし、気合を入れるのに手助けが必要ならば、大きな大会に出るほうが気分を高めやすくなるでしょう。

ポイント

効果は人それぞれ。慣れ親しんだ場所のほうが大勢の観客から応援されるよりも効果的な場合がある。

Q 最高のパフォーマンスを引き出す睡眠とは？

トップアスリートに「十分な睡眠をとるように」というのは、「野菜をたくさん食べるように」というのと同じで、当たり前すぎて軽視されやすいものです。

カルガリーにある睡眠と人間行動の研究機関の院長、チャールズ・サミュエルズによる最近の実験では、アスリートの睡眠の質に低下傾向が見られ、それはオリンピッククレベルのアスリート（ボブスレーとスケルトンの代表チーム）でも同様であることが判明しました。一般人にとっても、この問題は深刻です。サミュエルズは「トレーニングのために睡眠を削るのは平均的なアスリートによく見られます。朝七時の出勤前に一時間走るために朝四時に起きる人もいます」と述べています。

睡眠時間を削ってのトレーニングは、必ずしもパフォーマンスを向上させません。日頃から最低限の睡眠時間しかとっていない人にとっては、とくにそうです。蓄積した睡眠不足が気分や認知能力を低下させることはよく知られており、身体的パフォーマンスと睡眠が直接関係していることを指摘する研究もいくつもあります。

スタンフォード大学で睡眠について研究しているシェリ・マーによると、ふだん一日に六〜九時間の睡眠をとっている水泳の大学代表選手五人に一〇時間の睡眠をとらせたところ、スタートの反応時間が〇・一五秒速くなり、一五メートルの折り返し時間とターン時のキックの速度も向上しました。また、睡眠時間を増やしたバスケットボール選手は短距離走のタイムが良くなり、フリースローの成功率も向上しました。この実験は被験者も少なく結論を導くには不十分なものですが、睡眠がアスリートに与える影響を知るための手がかりにはなります。

これらの研究結果は、現実に応用するには難しいかもしれません。マーも「一日一〇時間の睡眠が普通ではないことは認識しています」と述べています。とはいえ、一般人であっても、わずかに睡眠時間を増やしていくことでプラスの効果が得られます。

個人によってばらつきはあるものの、平均的には成人で一日七〜八時間、一〇代や若年層なら九時間以上の睡眠が必要です。マーの研究からは、数週間という短期間でも、睡眠時間を増やすことでパフォーマンスにある程度の効果をもたらすことも推測されます。これは、大切な試合やレースに備えるにあたっては有益な情報になるでしょう。

睡眠が運動の役に立つように、運動も良質な睡眠を手助けします。二〇一〇年のサンパウロ連邦大学での研究では、筋力トレーニングや激しい有酸素運動ではなく、適度な有酸素運動によって、慢性的な不眠症の被験者の睡眠時間が二六パーセント増えたことがわかりました。
ただしサミュエルズは、睡眠障害に悩んでいる三〇代以上の成人は、寝る前の三時間以内に運動をすると、逆に睡眠の妨げになると指摘しています。「ですが、日頃からよく眠れる人なら、まったく問題はありません」とサミュエルズは述べています。

ポイント
睡眠でパフォーマンスは向上する。数週間、睡眠を改善すると、スピードと反応時間に一定の効果が表れる。

Q 長距離走での最適なペースとは？

誰かにこの手の質問をすると、イソップ童話のウサギとカメからそのまま引用したような「焦らずにいつもどおりに行けば大丈夫」という忠告をされることがよくあります。たしかにこれは賢明な考え方です。とくに、レースの経験はないが、ランニング、自転車、水泳、スケート、ボート、スキーなどのスポーツはしていて、とにかくゴールにたどり着きたいと思っている人にとっては妥当な戦略です。

ですが科学では、ある程度のレース経験があり、自己タイムを更新したい人向けに、ハイリスク・ハイリターンな方法を提唱しています。

二〇〇六年にニューハンプシャー大学の運動生理学者だったロバート・ケネフィックらが、もっとも一般的な五キロのロードレースにおいて実験をしました。被験者はごく普通のアマチュアランナーで、最初の一マイル（一・六キロ）の速度を、自己ベストタイムをもとにした安定したペース、三パーセント増しのペース、六パーセント増しのペースで走らせました。

意外にも、タイムは最初の一マイルを一番速いペースで走ったときが結果的に一番速く、自己ベストに合わせて安定したペースで走ったときが一番遅い結果になりました。ランニング中の酸素消費量や心拍数などの変化も測定しましたが、ペースの違いによる差は見られませんでした。

この研究結果は、世界最速のランナーらの観察記録とも一致しています。南アフリカ、ケープタウン大学のロス・タッカーらの研究（『インターナショナル・ジャーナル・オブ・スポーツ・フィジオロジー・アンド・パフォーマンス』に掲載）では、五〇〇〇メートルと一万メートルのトラック競技で、男子の過去の世界記録をすべて分析しました。

記録には驚くほど一貫した傾向が見られました。ランニングペースは、スタート時は速く、レースの中盤にかけて徐々に遅くなり、最後にまた速くなっているというものでした。分析対象とした六四件の世界記録のうち六三件は、レースの最初と最後が一番速いペースでした。唯一の例外は一九九七年にポール・テルガトが出した一万メートルの記録で、九キロ地点の速度が一〇キロ地点よりも一秒速くなっていました。

ただし、ゴール前でペースを速めることが必勝法というわけではありません。タッカーは、最後にペースを速くするのは運動中に予測して調整しているためだと述べています。懸命に走りながらも途中で力尽きないよう、余力を残してゴールするための意識的、無意識的な調整をおこなっているというのです。積極的なペース戦略にレース経験が不可欠なのはこのためです。脳は、終わりがいつ来るか見きわめるために比較するもとになるものが必要なのです。

スポーツ科学者は、ゴール地点がどこだかわかっていることを「目標の予知」と呼ぶことがあります。数十年に及ぶ研究で、その影響力が示されてきました。一九八〇年、被験者をトレッドミルで二〇分間走るグループと三〇分間走るグループに分け、どちらのグループも二〇分経過時点で停止させるという実験がおこなわれました。このとき、あと一〇分走らなくてはならないと思っているグループの被験者の疲れの感じ方がかなり低い数値になったことから、疲労感は予想終了時間と関係していることがわかります。

だからといって、つねにスタートから全力疾走し、ひたすら走りつづけなければならないというわけではありません。タッカーの研究で示された最善のパフォーマンスは、走り始めは速くし、その後、徐々にペースを遅くしていくというものでした。つまり、出だしに注意して少しペースを速くすればよいのです。現在は米国陸軍に勤務するケネフィックは、「いずれにしても、最後には疲れるのです」と語っています。「出だしであまりにゆっくりしてしまうと、その遅れは取り戻せません」

ポイント

長距離走では一定のペースで走るより、序盤に少し速度を上げて走るとゴールする時間が早くなることがある。

Q サッカーなどのフィールドスポーツでは持久力と瞬発力のどちらが重要か?

長年、スポーツ科学者は、持久力とスピードという対照的な二つの特性に着目してきました。しかし、サッカー、ラグビー、バスケットボールといったスポーツで求められる資質は、どちらか一つに限定されません。

GPSとビデオトラッキング(対象物を自動追跡し、その行動を解析するシステム)を使った研究では、一流のサッカー選手が一試合で走る距離は、一二キロにもなることがわかっています。これは明らかに持久力が必要な距離です。しかしサッカーの試合では、勝敗の鍵はボールの奪い合いで決まります。選手は一試合でおよそ二〇~六〇回も短距離を全力疾走していて、一回につき二~四秒かけて、約一〇~三〇メートル弱の距離を走っていたことがわかりました。一流選手には、このように全力疾走を繰り返せる能力があります。この特性を向上させるための研究は、最近ようやく始まったところです。

試合の開始直後に全力疾走をすると、エネルギーの八〇パーセントには酸素が使われず、残りの二〇パーセントは有酸素性のエネルギーでまかなわれます。その後、三度目の全力疾走をするときには、有酸素性エネルギーの割合が約五〇パーセントになっています。さらにプレーを続けると、全力疾走時の有酸素性エネルギーの割合は約七五パーセントに達します。

マックマスター大学のスチュアート・フィリップスによれば、この時点では、長距離ランナーと同じように体内に蓄積された炭水化物が使われるため、最適なエネルギー燃焼方法は持久系の競技と基本的に同じになります。試合が始まる前に十分な炭水化物を摂取して、試合中にも補給しつづけることが大切です。

試合の後半にも、全力疾走を続けられるようにするにはどうすればよいのでしょうか。二〇一〇年のフランスの研究では、二つの方法を比較しました。優秀な一〇代のサッカー選手らをAとBの二つのグループに分け、Aグループには週に一回、瞬発力の強化に特化した、垂直跳び、水平跳び、ハードル、全力疾走などのトレーニングをさせました。Bグループには、短距離ダッシュを繰り返しおこなわせました。全力疾走（二〇メートルをランニングし、到達点で地面に手をつき、全力疾走でスタート地点に戻ってくる）六本を一セットとして、最大三セットを毎回二〇秒のインターバルを入れながらおこなうというものです。

どちらのグループも一回の全力疾走の最大速度は向上しましたが、連続して全力疾走したときのタイムが向上したのはBグループのみでした。この差は非常に重要です。なぜなら、いくつかの研究は、連続した全力疾走のパフォーマンスが、試合のパフォーマンスに大きく関係していると示しているのです。

他のスポーツでも類似した傾向が見られます。ラグビーもサッカーと同じく、選手は試合中に一〇キロ近くも走ります。そのうち二五パーセントは、ボールや相手選手を全力で追いかける「試合の勝敗を決める重要な局面」です。アイスホッケー選手の一試合の走行距離はわずか四キロですが、その半分は、重要な局面です。狭いコート内でプレーするバスケットボール選手の走行距離は約二キロで、そのうちの二〇パーセントが重要な局面です。

これらのスポーツに求められる資質にはわずかな違いがありますが、いずれもスタートとストップのリズムがあり、短い休憩と素早い方向転換を組み込んだ短距離ダッシュを繰り返しおこなうことが良いトレーニングになります。

ポイント

スピードと持久力を同時に鍛えるためには、素早い方向転換と短いインターバルを組み合わせた連続的な全力疾走が効果的。

最後に――実験室からジムへ

さまざまな話題について、本書では駆け足で説明してきました。これら最新の科学的見解が、少しでも読者の皆さまのお役に立てれば幸いです。『G・I・ジョー』の終わりに流れていた広告のセリフを覚えているでしょうか？「さあ、これでわかったでしょう。情報収集は戦いの重要なポイントなのです」――いま、私が言いたいセリフも同じです。大切なのは情報にもとづいて実践することです。

ぜひ、本書で得た知識をトレーニングに活かしてみてください。その際、次の三つのメッセージを受けとめてほしいと考えています。

1　とにかく身体を動かしましょう。本書ではさまざまな運動を紹介したので、何を選ぶべきか戸惑っているかもしれません。でも、どれを選んでも問題はありません。気に入ったものを始めてみればよいのです。スポーツジムのエクササイズプログラムは大変そうだし、フルマラソンを走るなんて絶対に無理で、ウエイトトレーニングも山登りもできないと思っている人もいるかもしれません。

しかし、本書で紹介した研究が訴えている最大のメッセージは、どのような運動であれ、健康に直接つながる効果をもたらすということです。ともかく、何か始めてみましょう。頭で理解した内容が実際に役立つかどうかは、運動をしながら考えればいいのです。

2 目標をもち、進捗をたしかめましょう。本書がこれだけのボリュームになったのは、運動の目標が人それぞれ異なるからです。あなたの兄弟には最高のトレーニングでも、自分にはまったく合わないものもあります。半年、一年、五年先にどうなりたいのかをじっくり考えましょう。また「短期間で達成できることは過大評価され、長期間で達成できることは過小評価されることが多い」点も忘れないようにしましょう。

目標に向かって自分を突き動かすようなプログラムを選び、進捗を確認します。どのくらい歩けるか、何キロの重量を持ちあげられるか、どのくらいうまくテニスのサーブが決まるか、そして気分はどうだったかといったことも観察するのです。半年や一年が経っても進歩が見られない場合は、練習メニューが目標に合ったものかどうか考えてみましょう。

3 何か新しいことに挑戦しましょう。研究で二つ以上の運動のテクニックを比較するとき、結果が「AはBよりも効果的です」や「AとBに違いはありません」ということはまずありません。「Aにはこうした長所と短所がありますが、Bにはこういう長所と短所があります」という結論になることがほとんどなのです。

また、どのようなプログラムであれ、何年か経つと効果が薄れ、マンネリ化してきます。いつも同じペースで自転車をこぎ、同じ五種類の筋力トレーニングを続けても、効果はほんのわずかです。折に触れて新しいことに挑戦すると、身体が新しいやり方に慣れようとするので、つねに新鮮な気持ちでいられます。

現在も身体の機能に関する研究はさかんにおこなわれ、毎月何百もの論文が、多数の学術雑誌で発表されています。こうした論文の多くは、これまでにわかっている情報をもとに、抜けているところを補ったり、細かい点をつけ足したりして書かれています。なかにはあっと驚くような研究報告もあります。専門家がストレッチのケガ予防効果を否定し、運動に不可欠の燃料として乳酸を讃えるなどと、一〇年前に誰が予測したでしょう。

残念ながら健康関連（そして科学一般の）ニュースの場合は、大きな見出しがついていても、現在までの研究の流れを無視した「大発見」であることも多くあります。数か月後に読んだ別の記事と矛盾していれば、何を信じていいのかわからなくなります。研究の進め方、資金の出所、その分野の既存の研究結果との関連性を説明している質の高い報告書を探しましょう。『ニューヨーク・タイムズ』のジーナ・コラータとグレッチェン・レイノルズや『ランナーズ・ワールド』のアンビー・バーフットの書く記事は、わかりやすくて簡潔な文体で科学的発見を解説しているので、非常に役に立ちます。

こうした原則を頭に入れておけば、綿密な運動プランを立てて実行するのに必要なツールはそろいます。根気よく着実に、エンドルフィンの力を借りながら、運動を楽しんでください！

訳者あとがき

本書の原題は“Which Comes First, Cardio or Weights? : Fitness Myths, Training Truths, and Other Surprising Discoveries from the Science of Exercise”です。〝フィットネスの神話〟の真相を探り、新たな〝トレーニングの真実〟を明らかにする――「有酸素運動と筋トレはどちらを先にすればいいのか？」に代表される、エクササイズを楽しむ人なら誰でも心に抱くであろうさまざまな疑問に、最新のスポーツ科学の確かな成果にもとづいて、あっと驚く事実を交えながら鮮やかに答えてくれるという内容です。

著者のアレックス・ハッチンソンは、ケンブリッジ大学で物理学の博士号を取得し、陸上競技の中・長距離走のカナダ代表としても活躍したという異色の経歴の持ち主です。現在はジャーナリストとしてさまざまな媒体に科学やスポーツ関連記事の寄稿するハッチンソンは、プロの書き手でありながら、トップアスリートとしての経験もあるという希有な存在。まさに本書を書くに相応しい人物だと言えます。

「運動前の静的ストレッチはパフォーマンスを低下させる」「疲労の原因は乳酸ではなかった」など、本書には、これまで正しいと考えられてきた通説を覆すような事実が多数掲載されています。ただし、重要なのはこれらの意外な事実だけではありません。冒頭で著者も語っているように、「科学ではまだはっきりとわかっていないこと」「常識的にそうだと考えられてきたが、実際に科学的データによっても裏付けられていること」についても、バランス良くきちんと書いてあるのです。

ハッチンソンは、定説にもとづいてとりあえずの回答を示したりも、根拠のない自説を主張したりもしません。正しいと思われていることであっても、冷静で客観的な科学者の眼を通して確かめようとします。科学が導き出す答えは一つではなく、相反する結果をめぐって論争が続いているテーマも少なくありません。それでも、大量の研究成果を縦横に引用しながら、「現時点でわかっていること」を誠実に紹介しようとつとめるハッチンソンの態度は、まさに科学者のものであり、読者に確かな安心感を与えてくれます。同時に読者は、従来の定説が、いかにあやふやな根拠にもとづいていたかに驚きを感じることでしょう。

運動前の注意事項、適切な栄養補給、怪我の防止、老化防止、減量――。本書には、運動の競技面にとどまらず、健康面や心理面を含めた、ためになる情報が満載です。気になるテーマがあれば、どこから読みはじめても大丈夫です。きっと役に立つ発見があるはずです。通説を鵜呑みにせず、確かな情報にもとづいて考え、自分の身体と対話しながらスポーツを楽しみ、競技に打ち込む。このような姿勢は、スポーツを愛する人にとって、身体を鍛えること以上に大きな価値をもたらしてくれるものではないでしょうか。本書を読み終え、「スポーツ偏差値」を高めた読者の皆さんが、さらに楽しく、そして知的に運動を楽しんでくれることを願ってやみません。

現在もアマチュアアスリートとしてトレーニングを楽しんでいるハッチンソンは、自身のブログ『Sweat Science』（http://sweatscience.com/）で、本書の内容と同じく、最新のスポーツ科学の成果を紹介する記事を、ときに真面目に、ときにはユーモアを交えながら驚くほど旺盛に執筆しています。本書の続編が待たれるところです。

本書の翻訳にあたっては、草思社の碇高明氏、日本ユニ・エージェンシーの鈴木優氏、柏村暁子氏にひとかたならぬお世話になりました。厚く御礼申し上げます。

訳者

著者略歴———
アレックス・ハッチンソン *Alex Hutchinson*
科学ジャーナリスト。ケンブリッジ大学で物理学の博士号を取得。研究者として数年を過ごした後、コロンビア大学でジャーナリズムの修士号を取得。現在は科学・エクササイズ関連の記事を新聞や雑誌に寄稿しているほか、科学雑誌やランニング雑誌の編集者として記事の編集・執筆にも携わっている。また中・長距離走のカナダ代表として世界各地のレースに参加した経験を持つ。カナダ・トロント在住。1975年生まれ。

訳者略歴———
児島 修 こじま おさむ
立命館大学文学部卒。翻訳者としてビジネス、IT、スポーツなどの分野で活躍中。訳書に『成功者は皆、ストーリーを語った』(アルファポリス)、『ロード・ウォリアーズ 破滅と絶頂』(東邦出版)、『マーク・カヴェンディッシュ』(未知谷)などがある。1970年生まれ。

良いトレーニング、
無駄なトレーニング
科学が教える新常識

2012年2月22日 第1刷発行
2018年8月2日 第10刷発行

著　者 アレックス・ハッチンソン
訳　者 児島　修
装　幀 福田和雄
本文デザイン FUKUDA DESIGN

発行者 藤田　博
発行所 株式会社草思社
〒160-0022 東京都新宿区新宿1-10-1
電話 営業 03(4580)7676 編集 03(4580)7680
振替 00170-9-23552

印　刷 株式会社三陽社
カバー 日経印刷株式会社
製　本 加藤製本株式会社

ISBN978-4-7942-1886-5 Printed in Japan 検印省略
http://www.soshisha.com/

草思社刊

あらゆる病気を防ぐ「一日8000歩・速歩き20分」健康法

青柳幸利 著

身体活動計が証明した新健康常識 群馬県中之条町の高齢者五〇〇〇人に「身体活動計」を十数年、携帯してもらい、「歩き」と「病気予防」の関係を科学的に解明した画期的な書！

本体 1,000円

50歳を過ぎたら「粗食」はやめなさい！

新開省二 著

「低栄養」が老化を早める たっぷり栄養をとっている人ほど認知症や脳卒中になりにくい！ 五千人を超える高齢者の追跡調査でわかった目からウロコの健康長寿法。

本体 1,300円

顔をみれば病気がわかる

猪越恭也 著

隠れた不調を自分でチェックできる本 目で肝臓の状態が、口元で胃の状態がわかる。目・鼻・口など、部位別にチェックすべきポイントを教える実践的自己診断術。

本体 1,400円

アベベ・ビキラ

ティム・ジューダ 著
秋山勝 訳

「裸足の哲人」の栄光と悲劇の生涯 孤高の最速走者はなぜ車椅子の人となったのか。マラソンで五輪二連覇の偉業を成し遂げたエチオピア人ランナーの劇的な生涯を追う。

本体 1,800円

＊定価は本体価格に消費税を加えた金額です。